出題形式で学ぶ

ゼロから始めて
中国語検定試験 準4級
に合格するための本

邱奎福 著

はじめに

中国語の「資格」を目指そう！

　業務や就職のためのスキルとしての中国語の価値は、日に日に高まっています。中国語力の証明として最も権威を持つ「中国語検定試験」（通称「中検」）の資格を得ることで、さらにあなたの活躍の場が広がることでしょう。

　「中検」は日本中国語検定協会が1981年から実施している、中国語の学習到達度を測る検定試験で、年間約5万人が受験する、国内では最大規模の試験です。

　「中検」は級別の試験となってます。試験は1級、準1級、2級、3級、4級、そして準4級と6つのレベルに分かれており、その中で、「準4級」は、「学習時間60～120時間。大学の第二外国語における第一年度前期修了、高等学校における第一年度通年履修、中国語専門学校・講習会等において半年以上の学習程度」と目安が設定されています。

　つまり、準4級は中国語学習の基礎的知識を測る試験となっているのです。その出題内容は以下の通りです。

> ① 基礎単語約500語（簡体字が正確に書けること）
> ② ピンイン（発音の表記）の読み方と綴り方
> ③ 単文の基本文型
> ④ 簡単な日常挨拶語約50～80

　実際の試験は大きく、「リスニング」と「筆記」に分かれています。それぞれについて簡単に説明しておきましょう。大問は全部で5問。大問それぞれが小問2題に分かれています。

Ⅰ. リスニング
1. 音を聞いて正しいピンイン表記を選ぶ問題（5問・10点）
2. 日本語の単語を中国語でどう発音するか、音を聞いて選ぶ問題（5問・10点）

Ⅱ. リスニング
1. 数字や時間表現を中国語でどう表現するか、音を聞いて選ぶ問題（5問・10点）
2. どんなときにどう言うか、日本語の設定に、音を聞いて正解を選ぶ問題（5問・10点）

Ⅲ. 筆記
1. 正しいピンイン表記を選ぶ問題（5問・10点）
2. 中国語の発音と意味がともに正しいものを選ぶ問題（5問・10点）

Ⅳ. 筆記
1. 穴埋め問題（中国語の単文）（5問・10点）
2. 語順問題（日本語を中国語の単文に訳した場合の語順）（5問・10点）

Ⅴ. 筆記
1. 簡体字の表記（4問・8点）
2. 日文中訳（単語・語句レベル）（3問・12点）

本書は中国語入門・初級レベルの方が、中検準4級に合格するための問題集で、実際の検定試験の内容に基づいて構成されています。本書の特長と使い方は以下のとおりです。

本書の特長

実戦形式でトレーニング！ 中検の出題内容に則した練習問題と詳しい解説つき！

1460問！ 大量のドリルと模擬テストを解きながら力がつく！

CD 3枚付き！ リスニング問題を徹底的に攻略！

本書の使い方

1. 「出題パターンはコレだ！」
まず、各問で問われる内容について例題と解答・解説・ねらいを読んで、その問いのあらましを把握します。

2. 「合格のための攻略ポイント！」
問われているポイントをまとめていますので、「第1部 リスニング」の部分では何度もCDを聞いて発音と意味、ピンイン表記を覚えてください。「第2部 筆記」では重要単語、重要文型を把握し、単語は実際に書いて漢字を覚えます。

3. 「練習ドリル」
繰り返し解いて、その問いで問われる内容を身につけます。（「第2部 筆記」では練習ドリルがない部分もあります）

4. 「模擬テスト」
最後にチャレンジしましょう。「模擬テスト」は実際の試験と同じ形式になっています。これも繰り返し解いてみてください。

▶ 「第1部 リスニング」部分はすべてCDに音声が入っていますので、何度も聞いて中国語の発音に慣れてください。
▶ 中検準4級の合格基準点は60点（100点満点）となっています。本書の模擬テストで70点以上をとることを目標に、繰り返し問題を解いていけば、検定試験合格がグッと近づきます!!

　本書をすみからすみまで利用して、ぜひ中検にチャレンジしてください。皆さまのご健闘をお祈りしています。

2009年春　著者

目 次

はじめに 2
目 次 4

第1部 リスニング
CD A-1〜C-65

1. 正確な音の聞き取り その1 ……………… 8 CD A-1〜16

練習ドリル● 1-1
声調の聞き分け練習………………………………… 15 CD A-17〜22

練習ドリル● 1-2
母音の聞き分け練習………………………………… 16 CD A-23〜28

練習ドリル● 1-3
「n」と「ng」の聞き分け練習 ……………………… 17 CD A-29〜34

練習ドリル● 1-4
有気音と無気音の聞き分け練習…………………… 18 CD A-35〜40

練習ドリル● 1-5
そり舌音、舌面音、舌歯音などの聞き分け練習…… 19 CD A-41〜46

模擬テスト1 ………………………………………… 20 CD A-47〜58
練習ドリル、模擬テストの解答と解説………… 21

2. 正確な音の聞き取り その2 ……………… 28 CD B-1〜19

練習ドリル● 2-1
よく使う動詞………………………………………… 32 CD B-20〜25

練習ドリル● 2-2
よく使う形容詞……………………………………… 33 CD B-26〜31

練習ドリル● 2-3
よく使う名詞………………………………………… 34 CD B-32〜37

模擬テスト2 ………………………………………… 35 CD B-38〜49
練習ドリル、模擬テストの解答と解説………… 36

3. 数字・時間表現の聞き取り ……………… 44 CD B-50〜67

練習ドリル● 3-1
数字・曜日・時刻・時間の練習…………………… 52 CD C-1〜4

練習ドリル● 3-2
値段・年齢・量詞の練習 ………………………… 53 CD C-5〜7

模擬テスト3 ………………………………………… 54 CD C-8〜19
練習ドリル、模擬テストの解答と解説………… 55

4. あいさつ表現 ……………………………… 68 CD C-20〜41

練習ドリル4 ………………………………………… 78 CD C-42〜53
模擬テスト4 ………………………………………… 81 CD C-54〜65
練習ドリル、模擬テストの解答と解説………… 83

第2部 筆記

1. ピンイン表記 ……………………………………………… 100
練習ドリル1 ……………………………………………… 103
模擬テスト1 ……………………………………………… 104
　練習ドリル、模擬テストの解答と解説…………………… 107

2. 単語のピンインと意味 ……………………………… 112
練習ドリル2 ……………………………………………… 113
模擬テスト2 ……………………………………………… 115
　練習ドリル、模擬テストの解答と解説…………………… 121

3. 穴埋め問題 …………………………………………… 126
模擬テスト3 ……………………………………………… 133
　模擬テストの解答と解説………………………………… 136

4. 語　順 ………………………………………………… 140
練習ドリル4 ……………………………………………… 150
模擬テスト4 ……………………………………………… 151
　練習ドリル、模擬テストの解答と解説…………………… 157

5. 簡体字表記 …………………………………………… 162
模擬テスト5 ……………………………………………… 167
　模擬テストの解答と解説………………………………… 171

6. 日文中訳（語句） …………………………………… 174
模擬テスト6 ……………………………………………… 176
　模擬テストの解答と解説………………………………… 180

第1部

CD A-1～C-65

リスニング

1. 正確な音の聞き取り その1 　CD A-1～58
2. 正確な音の聞き取り その2 　CD B-1～49
3. 数字・時間表現の聞き取り 　CD B-50～C-19
4. あいさつ表現 　CD C-20～65

第1部 リスニング1
正確な音の聞き取り（その1）

〔例題〕次の（1）〜（3）について、それぞれ4つの発音を聞き、印刷されたピンイン表記に一致するものを①〜④の中から1つ選び、その番号を解答欄にマークしなさい。 CD A-1

(1) tā	①	②	③	④
(2) gāng	①	②	③	④
(3) gōng	①	②	③	④

〔正解〕(1) ④　(2) ①　(3) ③

〔解説〕(1) は4つの**声調**の違いを聞き取る問題で、それぞれ① tà、② tǎ、③ tá、④ tā と発音しています。

(2) は**母音**の違いを聞き取る問題で、それぞれ① gāng、② gān、③ gēng、④ gūn と発音しています。

(3) は**子音**と**母音**の違いを聞き取る問題で、それぞれ① kān、② kōng、③ gōng、④ gōu と発音しています。

〔狙い〕リスニング1では、掲載されたピンイン表記と一致するものを、4つの音声の中から選ぶ問題が出題されます。読み上げられる音声は紛らわしいものが多く、発音を正確に聞き取る能力が必要となります。

リスニング1では、発音を聞き取る問題が出されます。紛らわしい単語も出題されますが、以下の3点をポイントに聞く練習を重ねることで、検定合格に近づくことができます。

1. 声　調　　2. 母音の違い　　3. 子音の違い

1. 声　調

中国語の多くの単語の発音は、母音と子音と声調で成り立っており、中でも声調は中国語の大きな特徴の1つとなっています。標準中国語は主に4つの声調があるので、四声と呼ばれています。第一声、第二声、第三声、第四声のほか、軽く発

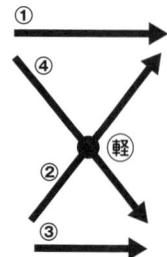

音する軽声の合計 5 つがあります。 CD A-2
ā á ǎ à a

※声調が変われば意味も変わる
（例）　mā（妈）…お母さん　　　mǎ（马）…馬

1. **第一声**
   第一声は高くて平らな音です。
   （例）　tā（他）…彼
   　　　　bā（八）…8
   　　　　shuō（说）…話す

2. **第二声**
   第二声は低めから一気に上がる音です。
   （例）　xué（学）…勉強する
   　　　　rén（人）…人
   　　　　lái（来）…来る

3. **第三声**
   第三声は低く抑えたままの音です。
   （例）　wǒ（我）…わたし
   　　　　nǐ（你）…あなた
   　　　　xiǎo（小）…小さい

   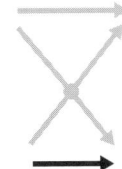

4. **第四声**
   第四声は高めから低めに一気に下げる音です。
   （例）　yào（要）…必要である
   　　　　zuò（坐）…座る
   　　　　kàn（看）…見る

5. **軽声**
   軽声は抑揚がなく短い音です。
   （例）　a（啊）…驚きを表す
   　　　　māma（妈妈）…お母さん
   　　　　nǐ ne?（你呢?）…あなたは？

   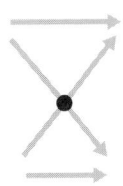

2. 母音の違い

　　中国語の母音の種類は日本語よりも多く、「単母音」「複母音」「鼻母音」の３つに分けられます。

1. 単母音… a、o、e、i、u、ü、er
2. 複母音…二重母音　ai、ei、ao、ou、ia、ie、ua、uo、üe
　　　　　　三重母音　iao、iou、uai、uei
3. 鼻母音…「n」を伴うもの　an、en、in、ian、uan、uen、üan、ün
　　　　　　「ng」を伴うもの　ang、eng、ong、ing、iang、uang、ueng、iong

　　これらの音を正確に聞き分けられるよう、何度も聞いて練習しましょう。

1. 単母音

　　a　o　e　i (yi)　u (wu)　ü (yu)　er

※（ ）内は前に子音が来ない場合の表記法

（1）発音のしかた

- **a**：「ア」の口を大きく開けて発音します。
- **o**：「オ」の口で、唇を丸めて発音します。
- **e**：「エ」の口で、「オ」と発音します。
- **i**：「イ」の口で、唇を左右にひっぱるように発音します。
- **u**：「ウ」の口で、唇を前に突き出して発音します。
- **ü**：「ユ」の口で、唇をすぼめて「イ」と発音します。
- **er**：上記の e を発音しながら、同時に舌先をそり上げて「アル」と一気に発音します。

（2）単母音の発音練習　　CD A-3

		第一声	第二声	第三声	第四声
①	a	ā	á	ǎ	à
②	o	ō	ó	ǒ	ò
③	e	ē	é	ě	è
④	i	yī	yí	yǐ	yì
⑤	u	wū	wú	wǔ	wù
⑥	ü	yū	yú	yǔ	yù
⑦	er	ēr	ér	ěr	èr

2. 複母音

　　２つ以上の母音が複合してできた母音を複母音（複合母音）といいます。

(1) 複母音の発音練習　CD A-4
① 前の母音を強く発音するもの
　　ai　ei　ao　ou
② 後ろの母音を強く発音するもの
　　ia (ya)　ie (ye)　ua (wa)
　　uo (wo)　üe (yue)

※（　）内は前に子音が来ない場合の表記法

③ 真ん中の母音を強く発音するもの
　　iao (yao)　iou (you)　uai (wai)　uei (wei)

「子音＋iou」の場合、oが省略されて「子音＋iu」と表記します。
　　例　l＋iou → liù　（六、6）
「子音＋uei」の場合、eが省略されて「子音＋ui」と表記します。
　　例　d＋uei → duì　（対、正しい）

検定試験では、uoとou、iaoとiouなどの聞き比べが非常に多く出題されます。繰り返しCDを聞いて、正確に聞き取れるように何度も練習しましょう。

3. 鼻母音

中国語の鼻母音には、「n」と「ng」の区別があります。「n」は舌先を歯の裏につけて「ン」と短く発音し、日本語の「案内」の「ン」がこの音にあたります。「ng」は舌の奥を持ち上げ舌を口の中のどこにもつけない状態で、口を開いたまま、鼻から息を出しながら「ン」と長めに発音します。日本語の「案外」の「ン」がこの音にあたります。

(1) 16個の鼻母音

鼻母音は全部で16個あり、以下の2種類に分類されます。

① 「n」を伴うもの　CD A-5
➡ 　an　en　in (yin)　ian (yan)
　　uan (wan)　uen (wen)　üan (yuan)　ün (yun)

※（　）内は前に子音が来ない場合の表記法

「子音＋uen」の場合、eが省略されて「子音＋un」と表記します。
　　例　ch＋uen → chūn　（春、春）

② 「ng」を伴うもの　CD A-6
➡ 　ang　eng　ong　ing (ying)
　　iang (yang)　uang (wang)
　　ueng (weng)　iong (yong)

※（　）内は前に子音が来ない場合の表記法

(2) 鼻母音の練習　CD A-7
① an-ang　② en-eng　③ in-ing　④ ian-iang
⑤ uan-uang　⑥ uen-ueng　⑦ üan-ün　⑧ ong-iong

母音表

グループ1	グループ2	グループ3	グループ4
	i	u	ü
a	ia	ua	
o		uo	
e	ie		üe
ai		uai	
ei		uei	
ao	iao		
ou	iou		
an	ian	uan	üan
en	in	uen	ün
ang	iang	uang	
eng	ing	ueng	
ong	iong		

- グループ1：a、o、e、またはa、o、eで始まる発音。 CD A-8
- グループ2：i、またはiで始まる発音。 CD A-9
- グループ3：u、またはuで始まる発音。 CD A-10
- グループ4：ü、またはüで始まる発音。 CD A-11

3. 子音の違い

1. 子音

21個の子音 CD A-12

	無気音	有気音		
唇　　音	b(o)	p(o)	m(o)	f(o)
舌尖音	d(e)	t(e)	n(e)	l(e)
舌根音	g(e)	k(e)	h(e)	
舌面音	j(i)	q(i)	x(i)	
そり舌	zh(i)	ch(i)	sh(i)	r(i)
舌歯音	z(i)	c(i)	s(i)	

　子音は全部で21個あります。注意すべき点としては、「有気音」と「無気音」の違い、「そり舌音」の聞き取りが挙げられます。CDを聞いてよく練習しましょう。

(1) 唇音（唇を使って出す音）

　b：両唇をしっかり閉じ、口腔に息をため、唇の閉鎖を解除すると同時に母音を発音します。

　p：発音部位はbと同じですが、唇の閉鎖が解除されたあと、息だけを一瞬出し、そのあと母音を発音します。

　m：両唇をしっかり閉じ、気流は鼻腔から出します。

  f：上歯を下唇に当て、息はその間から摩擦させて出します。
(2) 舌尖音（舌の先を使って出す音）
  d：舌先を上歯茎に当て、口腔に息をため、唇の閉鎖を解除すると同時に母音を発音します。
  t：発音部位は **d** と同じですが、唇の閉鎖が解除されたあと、息だけを一瞬出し、そのあと母音を発音します。
  n：舌先を上の歯茎につけ、息が鼻に抜けるようにして発音します。
  l：舌先を上の歯茎につけ、息が舌の両側から流れ出るようにして発音します。
(3) 舌根音（舌の奥の部分を使って出す音）
  g：舌の奥の部分を上あごに押しつけ、急に離して発音します。息を強く出しません。
  k：発音の部位は **g** と同じですが、唇の閉鎖が解除されたあと、息だけを一瞬出し、そのあと母音を発音します。
  h：舌の奥の部分を上あごに押しつけ、その間から息を出しながら発音します。
(4) 舌面音（上あごと舌面の摩擦によって出す音）
  j：舌面前部を硬口蓋につけ、舌先を下歯の裏に当て、気流を舌面前面と硬口蓋の間から摩擦させて出します。（日本語の「チー」の音）
  q：発音部位は **j** と同じですが、唇の閉鎖が解除されたあと、息だけを一瞬出し、そのあと母音を発音します。
  x：舌 面前部を上あごに近づけ、その間から息を出します。（日本語の「シー」）の音）
(5) そり舌音（舌の先を巻き上げて出す音）
  zh：舌先を上に巻き上げ、上あごに当て、気流を舌先と上あごの間から摩擦させて出します。
  ch：発音部位は **zh** と同じですが、唇の閉鎖が解除されたあと、息だけを一瞬出し、そのあと母音を発音します。
  sh：舌先を上に巻き上げ、上あごに近づけ、息を舌先と上あごの間から出して発音します。
  r：発音部位は **sh** と同じですが、**r** は摩擦音であり、濁音です。
(6) 舌歯音（上下の歯と舌の先で出す音）
  z：舌の先を平らに伸ばして上歯の裏に当て、次に舌の先を少し開いて、そのすき間を通して息を口腔から摩擦させて出します。
  c：発音部位は **z** と同じですが、唇の閉鎖が解除されたあと、息だけを一瞬出し、そのあと母音を発音します。
  s：舌の先を下の歯の裏に近づけ、息を舌面と上の歯の間から摩擦させて出します。

2. 有気音と無気音の区別
(1)「有気音」と「無気音」
　　中国語の発音には「有気音」と「無気音」があります。子音と母音の間に息が入るのが「有気音」で、息が入らないのが「無気音」です。下記の6組12個の発音を繰り返し聞いてマスターしてください。

CD A-13

有気音	子音	息	母音
無気音	子音		母音

「無気音」―「有気音」　b(o) ― p(o)、d(e) ― t(e)、g(e) ― k(e)
　　　　　　　　　　　j(i) ― q(i)、zh(i) ― ch(i)、z(i) ― c(i)
（CDではカッコ内の母音とともに、第一声で発音しています）

(2) 有気音と無気音の練習　　CD A-14

①	bō	bó	bǒ	pò	pō	pó	pǒ	bò
②	dē	dé	dě	tè	tē	té	tě	dè
③	gē	gé	gě	kè	kē	ké	kě	gè
④	jī	jí	jǐ	qì	qī	qí	qǐ	jì
⑤	zhī	zhí	zhǐ	chì	chī	chí	chǐ	zhì
⑥	zī	zí	zǐ	cì	cī	cí	cǐ	zì

3. そり舌音
(1) そり舌音
　　中国語の発音には「そり舌音」があります。そり舌音の発音の要領は舌先を立て、歯茎のやや上につけて発音します。舌をくるりと巻くのではありません。このそり舌音を舌面音や舌歯音との区別を意識して根気よく次の発音を聞いてください。そのうちに聞き分けられるようになるはずです。

CD A-15

j(i)―zh(i)―z(i), q(i)―ch(i)―c(i), x(i)―sh(i)―s(i), r(i)―sh(i)―s(i)
（□の中がそり舌音。CDではカッコ内の母音とともに、第一声で発音しています）

(2) そり舌音と舌歯音の発音練習　　CD A-16
➡ Sì shì sì,（四是四,）　　　　　Shí shì shí,（十是十,）
　Shísì shì shísì,（十四是十四,）　Sìshí shì sìshí.（四十是四十。）

［参考文献：日下恒夫『アタマで知り、カラダで覚える　中国語の発音』アルク］

練習ドリル 1-1

1回目	2回目	3回目
/60	/60	/60

46〜60点　その調子で！
31〜45点　もう少し！
0〜30点　がんばろう！

CD A-17〜22

第1部 リスニング❶

1. 声調の聞き分け練習

下記の問題について、それぞれ2つの発音を聞き、印刷されたピンイン表記に一致するものを①、②の中から1つ選び、その番号を解答欄にマークしなさい。

A (1): mā　① ②
(2): tā　① ②
(3): hē　① ②
(4): bā　① ②
(5): yī　① ②
(6): qī　① ②
(7): xī　① ②
(8): yū　① ②
(9): kū　① ②
(10): gē　① ②

B (1): xué　① ②
(2): lái　① ②
(3): méi　① ②
(4): shuí　① ②
(5): xíng　① ②
(6): shí　① ②
(7): bái　① ②
(8): guó　① ②
(9): hóng　① ②
(10): jié　① ②

C (1): dǎ　① ②
(2): hǎo　① ②
(3): nǐ　① ②
(4): lěng　① ②
(5): zǒu　① ②
(6): dǒng　① ②
(7): qǐng　① ②
(8): běi　① ②
(9): diǎn　① ②
(10): shǒu　① ②

D (1): kè　① ②
(2): huì　① ②
(3): nà　① ②
(4): ài　① ②
(5): pàng　① ②
(6): mài　① ②
(7): cài　① ②
(8): bàn　① ②
(9): duì　① ②
(10): bào　① ②

E (1): bù　① ②
(2): fù　① ②
(3): zuò　① ②
(4): yòu　① ②
(5): zì　① ②
(6): cì　① ②
(7): rì　① ②
(8): lù　① ②
(9): liù　① ②
(10): suì　① ②

F (1): wǎn　① ②
(2): gěi　① ②
(3): xiǎo　① ②
(4): xiě　① ②
(5): hǎi　① ②
(6): xiǎng　① ②
(7): jǐ　① ②
(8): liǎng　① ②
(9): sǎn　① ②
(10): zuǐ　① ②

練習ドリル 1-2

1回目	2回目	3回目	46～60点　その調子で！ 31～45点　もう少し！ 0～30点　がんばろう！
/60	/60	/60	

CD A-23~28

2. 母音の聞き分け練習

下記の問題について、それぞれ2つの発音を聞き、印刷されたピンイン表記に一致するものを①、②の中から1つ選び、その番号を解答欄にマークしなさい。

A (1)：mā　① ②
(2)：tā　① ②
(3)：hē　① ②
(4)：yú　① ②
(5)：qī　① ②
(6)：wǒ　① ②
(7)：yún　① ②
(8)：è　① ②
(9)：xué　① ②
(10)：lái　① ②

B (1)：méi　① ②
(2)：shuí　① ②
(3)：xíng　① ②
(4)：shí　① ②
(5)：bǎi　① ②
(6)：guó　① ②
(7)：hóng　① ②
(8)：hǎo　① ②
(9)：lěng　① ②
(10)：zhǎo　① ②

C (1)：dōng　① ②
(2)：qīng　① ②
(3)：dàn　① ②
(4)：shào　① ②
(5)：kè　① ②
(6)：huì　① ②
(7)：nà　① ②
(8)：pàng　① ②
(9)：mài　① ②
(10)：qiān　① ②

D (1)：bò　① ②
(2)：zuò　① ②
(3)：yào　① ②
(4)：zì　① ②
(5)：rì　① ②
(6)：lù　① ②
(7)：liù　① ②
(8)：suì　① ②
(9)：wǎn　① ②
(10)：gěi　① ②

E (1)：xiǎo　① ②
(2)：bàn　① ②
(3)：xióng　① ②
(4)：xiān　① ②
(5)：jīng　① ②
(6)：wèn　① ②
(7)：sān　① ②
(8)：duǎn　① ②
(9)：chuān　① ②
(10)：shāng　① ②

F (1)：jiān　① ②
(2)：zhè　① ②
(3)：zuì　① ②
(4)：suān　① ②
(5)：dēng　① ②
(6)：xuě　① ②
(7)：qiū　① ②
(8)：diǎn　① ②
(9)：quán　① ②
(10)：guān　① ②

練習ドリル 1-3

1回目	2回目	3回目	46〜60点　その調子で！ 31〜45点　もう少し！ 0〜30点　がんばろう！
/60	/60	/60	

CD A-29〜34

3. 「n」と「ng」の聞き分け練習

下記の問題について、それぞれ2つの発音を聞き、印刷されたピンイン表記に一致するものを①、②の中から1つ選び、その番号を解答欄にマークしなさい。

A
- (1)：fàn　① ②
- (2)：pàng　① ②
- (3)：màn　① ②
- (4)：bàn　① ②
- (5)：cháng　① ②
- (6)：nán　① ②
- (7)：máng　① ②
- (8)：jiàn　① ②
- (9)：táng　① ②
- (10)：shān　① ②

B
- (1)：fēn　① ②
- (2)：rén　① ②
- (3)：běn　① ②
- (4)：lěng　① ②
- (5)：hěn　① ②
- (6)：zhèng　① ②
- (7)：mén　① ②
- (8)：shēn　① ②
- (9)：wèn　① ②
- (10)：děng　① ②

C
- (1)：jīng　① ②
- (2)：yīn　① ②
- (3)：xīn　① ②
- (4)：míng　① ②
- (5)：jìn　① ②
- (6)：líng　① ②
- (7)：qīng　① ②
- (8)：nín　① ②
- (9)：qíng　① ②
- (10)：xìn　① ②

D
- (1)：yuán　① ②
- (2)：yuǎn　① ②
- (3)：huàn　① ②
- (4)：duǎn　① ②
- (5)：qián　① ②
- (6)：nián　① ②
- (7)：dǒng　① ②
- (8)：yòng　① ②
- (9)：wán　① ②
- (10)：guān　① ②

E
- (1)：tiān　① ②
- (2)：xiǎng　① ②
- (3)：chuáng　① ②
- (4)：chuān　① ②
- (5)：sān　① ②
- (6)：huán　① ②
- (7)：jiàn　① ②
- (8)：liáng　① ②
- (9)：qián　① ②
- (10)：wàng　① ②

F
- (1)：bān　① ②
- (2)：zhēn　① ②
- (3)：zhàng　① ②
- (4)：jiǎng　① ②
- (5)：jǐn　① ②
- (6)：yān　① ②
- (7)：xiāng　① ②
- (8)：liǎng　① ②
- (9)：chéng　① ②
- (10)：bīn　① ②

練習ドリル 1-4

1回目	2回目	3回目	46～60点 その調子で！ 31～45点 もう少し！ 0～30点 がんばろう！
/60	/60	/60	

CD A-35~40

4. 有気音と無気音の聞き分け練習

下記の問題について、それぞれ2つの発音を聞き、印刷されたピンイン表記に一致するものを①、②の中から1つ選び、その番号を解答欄にマークしなさい。

A (1)：bā ① ②
(2)：pà ① ②
(3)：bái ① ②
(4)：bāo ① ②
(5)：piào ① ②
(6)：bǐ ① ②
(7)：bù ① ②
(8)：bàn ① ②
(9)：pào ① ②
(10)：pàng ① ②

B (1)：dà ① ②
(2)：tài ① ②
(3)：dào ① ②
(4)：tī ① ②
(5)：dǒng ① ②
(6)：dōu ① ②
(7)：dú ① ②
(8)：duì ① ②
(9)：tóu ① ②
(10)：tā ① ②

C (1)：gē ① ②
(2)：kàn ① ②
(3)：kǒu ① ②
(4)：kuò ① ②
(5)：gāo ① ②
(6)：gēn ① ②
(7)：gèng ① ②
(8)：guì ① ②
(9)：kāi ① ②
(10)：kuài ① ②

D (1)：jī ① ②
(2)：jiāo ① ②
(3)：qiǔ ① ②
(4)：jiè ① ②
(5)：qiē ① ②
(6)：jiàn ① ②
(7)：jǐ ① ②
(8)：jiǎo ① ②
(9)：qì ① ②
(10)：jiào ① ②

E (1)：cài ① ②
(2)：zǎo ① ②
(3)：cì ① ②
(4)：cuò ① ②
(5)：zuì ① ②
(6)：cū ① ②
(7)：cái ① ②
(8)：zuǒ ① ②
(9)：zuǐ ① ②
(10)：cù ① ②

F (1)：zhè ① ②
(2)：zhū ① ②
(3)：chǐ ① ②
(4)：zhèng ① ②
(5)：chī ① ②
(6)：zhòng ① ②
(7)：zhǎo ① ②
(8)：zhù ① ②
(9)：zhēn ① ②
(10)：zhōng ① ②

練習ドリル 1-5

1回目	2回目	3回目	46～60点　その調子で！ 31～45点　もう少し！ 0～30点　がんばろう！
/60	/60	/60	

CD A-41~46

5. そり舌音、舌面音、舌歯音などの聞き分け練習

下記の問題について、それぞれ2つの発音を聞き、印刷されたピンイン表記に一致するものを①、②の中から1つ選び、その番号を解答欄にマークしなさい。

A (1)：zhī　① ②
A-41
(2)：zhǐ　① ②
(3)：zì　① ②
(4)：zhāng　① ②
(5)：zhàn　① ②
(6)：zuò　① ②
(7)：zǒu　① ②
(8)：zhōng　① ②
(9)：zhèng　① ②
(10)：zhè　① ②

B (1)：zǎo　① ②
A-42
(2)：zhù　① ②
(3)：zhēn　① ②
(4)：zhòng　① ②
(5)：zài　① ②
(6)：shān　① ②
(7)：shàng　① ②
(8)：shǎo　① ②
(9)：shēn　① ②
(10)：shēng　① ②

C (1)：shí　① ②
A-43
(2)：sì　① ②
(3)：shū　① ②
(4)：shù　① ②
(5)：shuǐ　① ②
(6)：suì　① ②
(7)：suān　① ②
(8)：shuō　① ②
(9)：shǒu　① ②
(10)：shōu　① ②

D (1)：cái　① ②
A-44
(2)：chá　① ②
(3)：chà　① ②
(4)：cháng　① ②
(5)：chàng　① ②
(6)：chē　① ②
(7)：cū　① ②
(8)：chuān　① ②
(9)：chūn　① ②
(10)：cí　① ②

E (1)：chōu　① ②
A-45
(2)：chuáng　① ②
(3)：chī　① ②
(4)：cuò　① ②
(5)：chǎo　① ②
(6)：rè　① ②
(7)：ròu　① ②
(8)：rì　① ②
(9)：rén　① ②
(10)：ràng　① ②

F (1)：chī　① ②
A-46
(2)：zī　① ②
(3)：shén　① ②
(4)：qī　① ②
(5)：xīn　① ②
(6)：cán　① ②
(7)：xīng　① ②
(8)：cī　① ②
(9)：shǐ　① ②
(10)：jiā　① ②

模擬テスト 1 解答用紙

点数 ／60

46〜60点　その調子で！
31〜45点　もう少し！
0〜30点　がんばろう！

CD A-47〜58

次の問題について、それぞれ4つの発音を聞き、印刷されたピンイン表記に一致するものを①〜④の中から1つ選び、その番号を解答欄にマークしなさい。

A (1): hē　① ② ③ ④
A-47
(2): ài　① ② ③ ④
(3): yào　① ② ③ ④
(4): yī　① ② ③ ④
(5): tā　① ② ③ ④

B (1): wǒ　① ② ③ ④
A-48
(2): jī　① ② ③ ④
(3): cí　① ② ③ ④
(4): zì　① ② ③ ④
(5): qián　① ② ③ ④

C (1): xiǎng　① ② ③ ④
A-49
(2): máo　① ② ③ ④
(3): jīn　① ② ③ ④
(4): rì　① ② ③ ④
(5): běn　① ② ③ ④

D (1): bàn　① ② ③ ④
A-50
(2): tài　① ② ③ ④
(3): chī　① ② ③ ④
(4): zhǐ　① ② ③ ④
(5): yīn　① ② ③ ④

E (1): yuǎn　① ② ③ ④
A-51
(2): nǚ　① ② ③ ④
(3): liù　① ② ③ ④
(4): guì　① ② ③ ④
(5): ròu　① ② ③ ④

F (1): péng　① ② ③ ④
A-52
(2): shì　① ② ③ ④
(3): sān　① ② ③ ④
(4): yòng　① ② ③ ④
(5): wàng　① ② ③ ④

G (1): shǎo　① ② ③ ④
A-53
(2): pǎo　① ② ③ ④
(3): yě　① ② ③ ④
(4): téng　① ② ③ ④
(5): xíng　① ② ③ ④

H (1): yún　① ② ③ ④
A-54
(2): hóng　① ② ③ ④
(3): fú　① ② ③ ④
(4): duō　① ② ③ ④
(5): xuě　① ② ③ ④

I (1): dǒng　① ② ③ ④
A-55
(2): gē　① ② ③ ④
(3): kě　① ② ③ ④
(4): kàn　① ② ③ ④
(5): qiū　① ② ③ ④

J (1): zhāng　① ② ③ ④
A-56
(2): zuì　① ② ③ ④
(3): cài　① ② ③ ④
(4): chá　① ② ③ ④
(5): suān　① ② ③ ④

K (1): jiě　① ② ③ ④
A-57
(2): zhè　① ② ③ ④
(3): shǒu　① ② ③ ④
(4): huì　① ② ③ ④
(5): wén　① ② ③ ④

L (1): sūn　① ② ③ ④
A-58
(2): è　① ② ③ ④
(3): lóu　① ② ③ ④
(4): shū　① ② ③ ④
(5): Rìběn　① ② ③ ④

練習ドリル 1-1 解答

※白ヌキ数字のものが正解です。

A
(1)	mā	❶ mā	② má	(6)	qī	❶ qī	② qí
(2)	tā	① tá	❷ tā	(7)	xī	① xí	❷ xī
(3)	hē	❶ hē	② hé	(8)	yū	① yú	❷ yū
(4)	bā	① bá	❷ bā	(9)	kū	❶ kū	② kú
(5)	yī	❶ yī	② yí	(10)	gē	① gé	❷ gē

B
(1)	xué	❶ xué	② xuě	(6)	shí	❶ shí	② shǐ
(2)	lái	① lǎi	❷ lái	(7)	bái	① bǎi	❷ bái
(3)	méi	❶ méi	② měi	(8)	guó	❶ guó	② guǒ
(4)	shuí	① shuǐ	❷ shuí	(9)	hóng	① hǒng	❷ hóng
(5)	xíng	❶ xíng	② xǐng	(10)	jié	❶ jié	② jiě

C
(1)	dǎ	❶ dǎ	② dà	(6)	dǒng	❶ dǒng	② dòng
(2)	hǎo	❶ hǎo	② hào	(7)	qǐng	① qìng	❷ qǐng
(3)	nǐ	① nì	❷ nǐ	(8)	běi	❶ běi	② bèi
(4)	lěng	❶ lěng	② lèng	(9)	diǎn	① diàn	❷ diǎn
(5)	zǒu	① zòu	❷ zǒu	(10)	shǒu	① shòu	❷ shǒu

D
(1)	kè	① kē	❷ kè	(6)	mài	① māi	❷ mài
(2)	huì	❶ huì	② huī	(7)	cài	❶ cài	② cāi
(3)	nà	❶ nà	② nā	(8)	bàn	❶ bàn	② bān
(4)	ài	① āi	❷ ài	(9)	duì	① duī	❷ duì
(5)	pàng	① pāng	❷ pàng	(10)	bào	❶ bào	② bāo

E
(1)	bù	❶ bù	② bú	(6)	cì	① cí	❷ cì
(2)	fù	❶ fù	② fú	(7)	rì	❶ rì	② rí
(3)	zuò	① zuó	❷ zuò	(8)	lù	① lú	❷ lù
(4)	yòu	❶ yòu	② yóu	(9)	liù	① liú	❷ liù
(5)	zì	❶ zì	② zí	(10)	suì	❶ suì	② suí

F
(1)	wǎn	① wān	❷ wǎn	(6)	xiǎng	❶ xiǎng	② xiāng
(2)	gěi	① gēi	❷ gěi	(7)	jǐ	❶ jǐ	② jī
(3)	xiǎo	❶ xiǎo	② xiāo	(8)	liǎng	① liāng	❷ liǎng
(4)	xiě	① xiē	❷ xiě	(9)	sǎn	❶ sǎn	② sān
(5)	hǎi	❶ hǎi	② hāi	(10)	zuǐ	① zuī	❷ zuǐ

練習ドリル 1-2 解答

※白ヌキ数字のものが正解です。

A
(1) mā	**①** mā	② mō	(6) wǒ	① wǔ	**②** wǒ
(2) tā	① tē	**②** tā	(7) yún	① yú	**②** yún
(3) hē	**①** hē	② huō	(8) è	**①** è	② èr
(4) yú	① yī	**②** yú	(9) xué	**①** xué	② xié
(5) qī	**①** qī	② qīn	(10) lái	① léi	**②** lái

B
(1) méi	**①** méi	② mái	(6) guó	**①** guó	② gǒu
(2) shuí	① shéi	**②** shuí	(7) hóng	① héng	**②** hóng
(3) xíng	**①** xíng	② xín	(8) hǎo	**①** hǎo	② hǒu
(4) shí	**①** shí	② shén	(9) lěng	**①** lěng	② líng
(5) bǎi	**①** bǎi	② běi	(10) zhǎo	**①** zhǎo	② zhǒu

C
(1) dōng	① dāo	**②** dōng	(6) huì	**①** huì	② huài
(2) qīng	① qīn	**②** qīng	(7) nà	**①** nà	② nè
(3) dàn	① diàn	**②** dàn	(8) pàng	① pàn	**②** pàng
(4) shào	① shòu	**②** shào	(9) mài	① mèi	**②** mài
(5) kè	① kuò	**②** kè	(10) qiān	① qiāng	**②** qiān

D
(1) bò	① bù	**②** bò	(6) lù	① lǜ	**②** lù
(2) zuò	① zè	**②** zuò	(7) liù	① lòu	**②** liù
(3) yào	① yòu	**②** yào	(8) suì	**①** suì	② sùn
(4) zì	**①** zì	② zè	(9) wǎn	**①** wǎn	② wǎng
(5) rì	**①** rì	② rè	(10) gěi	① gěn	**②** gěi

E
(1) xiǎo	**①** xiǎo	② xiǎng	(6) wèn	**①** wèn	② wèng
(2) bàn	① bèn	**②** bàn	(7) sān	① sāng	**②** sān
(3) xióng	**①** xióng	② xíng	(8) duǎn	① dǔn	**②** duǎn
(4) xiān	**①** xiān	② xiāng	(9) chuān	① chuāng	**②** chuān
(5) jīng	① jīn	**②** jīng	(10) shāng	① shān	**②** shāng

F
(1) jiān	① jiāng	**②** jiān	(6) xuě	**①** xuě	② xiě
(2) zhè	① zhèi	**②** zhè	(7) qiū	**①** qiū	② qiāo
(3) zuì	**①** zuì	② zèi	(8) diǎn	① dǐng	**②** diǎn
(4) suān	**①** suān	② sūn	(9) quán	① qún	**②** quán
(5) dēng	① dōng	**②** dēng	(10) guān	① guāng	**②** guān

練習ドリル 1-3 解答

※白ヌキ数字のものが正解です。

A	(1)	fàn	① fàng	**❷ fàn**	(6)	nán	① náng	**❷ nán**
	(2)	pàng	① pàn	**❷ pàng**	(7)	máng	**❶ máng**	② mán
	(3)	màn	**❶ màn**	② màng	(8)	jiàn	**❶ jiàn**	② jiàng
	(4)	bàn	**❶ bàn**	② bàng	(9)	táng	**❶ táng**	② tán
	(5)	cháng	**❶ cháng**	② chán	(10)	shān	**❶ shān**	② shāng
B	(1)	fēn	① fēng	**❷ fēn**	(6)	zhèng	① zhèn	**❷ zhèng**
	(2)	rén	① réng	**❷ rén**	(7)	mén	① méng	**❷ mén**
	(3)	běn	**❶ běn**	② běng	(8)	shēn	**❶ shēn**	② shēng
	(4)	lěng	**❶ lěng**	② lěn	(9)	wèn	**❶ wèn**	② wèng
	(5)	hěn	**❶ hěn**	② hěng	(10)	děng	① děn	**❷ děng**
C	(1)	jīng	① jīn	**❷ jīng**	(6)	líng	**❶ líng**	② lín
	(2)	yīn	① yīng	**❷ yīn**	(7)	qīng	① qīn	**❷ qīng**
	(3)	xīn	**❶ xīn**	② xīng	(8)	nín	① níng	**❷ nín**
	(4)	míng	**❶ míng**	② mín	(9)	qíng	**❶ qíng**	② qín
	(5)	jìn	**❶ jìn**	② jìng	(10)	xìn	**❶ xìn**	② xìng
D	(1)	yuán	**❶ yuán**	② yún	(6)	nián	① niáng	**❷ nián**
	(2)	yuǎn	① yǔn	**❷ yuǎn**	(7)	dǒng	**❶ dǒng**	② tǒng
	(3)	huàn	**❶ huàn**	② hùn	(8)	yòng	**❶ yòng**	② yōng
	(4)	duǎn	**❶ duǎn**	② nuǎn	(9)	wán	① wáng	**❷ wán**
	(5)	qián	**❶ qián**	② xián	(10)	guān	① guāng	**❷ guān**
E	(1)	tiān	① diàn	**❷ tiān**	(6)	huán	① huáng	**❷ huán**
	(2)	xiǎng	① jiǎng	**❷ xiǎng**	(7)	jiàn	**❶ jiàn**	② qiàn
	(3)	chuáng	① chuán	**❷ chuáng**	(8)	liáng	**❶ liáng**	② niáng
	(4)	chuān	① chuán	**❷ chuān**	(9)	qián	**❶ qián**	② qiáng
	(5)	sān	① suān	**❷ sān**	(10)	wàng	**❶ wàng**	② wàn
F	(1)	bān	① bāng	**❷ bān**	(6)	yān	① yāng	**❷ yān**
	(2)	zhēn	**❶ zhēn**	② zhēng	(7)	xiāng	① xiān	**❷ xiāng**
	(3)	zhàng	**❶ zhàng**	② zhàn	(8)	liǎng	**❶ liǎng**	② liǎn
	(4)	jiǎng	① jiǎn	**❷ jiǎng**	(9)	chéng	**❶ chéng**	② chén
	(5)	jīn	① jīng	**❷ jīn**	(10)	bīn	**❶ bīn**	② bīng

練習ドリル 1-4 解答

※白ヌキ数字のものが正解です。

A
	(1) bā	❶ bā	② pā	(6) bǐ	① pǐ	❷ bǐ
	(2) pà	❶ pà	② bà	(7) bù	① pù	❷ bù
	(3) bái	❶ bái	② pái	(8) bàn	❶ bàn	② pàn
	(4) bāo	① pāo	❷ bāo	(9) pào	❶ pào	② bào
	(5) piào	❶ piào	② biào	(10) pàng	① bàng	❷ pàng

B
	(1) dà	❶ dà	② tà	(6) dōu	❶ dōu	② tōu
	(2) tài	❶ tài	② dài	(7) dú	① tú	❷ dú
	(3) dào	❶ dào	② tào	(8) duì	① tuì	❷ duì
	(4) tī	❶ tī	② dī	(9) tóu	① dóu	❷ tóu
	(5) dǒng	❶ dǒng	② tǒng	(10) tā	① dā	❷ tā

C
	(1) gē	❶ gē	② kē	(6) gēn	① kēn	❷ gēn
	(2) kàn	① gàn	❷ kàn	(7) gèng	① kèng	❷ gèng
	(3) kǒu	① gǒu	❷ kǒu	(8) guì	❶ guì	② kuì
	(4) kuò	❶ kuò	② guò	(9) kāi	❶ kāi	② gāi
	(5) gāo	❶ gāo	② kāo	(10) kuài	① guài	❷ kuài

D
	(1) jī	❶ jī	② qī	(6) jiàn	❶ jiàn	② qiàn
	(2) jiāo	① qiāo	❷ jiāo	(7) jǐ	① qǐ	❷ jǐ
	(3) qiǔ	① jiǔ	❷ qiǔ	(8) jiǎo	① qiǎo	❷ jiǎo
	(4) jiè	① qiè	❷ jiè	(9) qì	① jì	❷ qì
	(5) qiē	① jiē	❷ qiē	(10) jiào	① qiào	❷ jiào

E
	(1) cài	① zài	❷ cài	(6) cū	❶ cū	② zū
	(2) zǎo	① cǎo	❷ zǎo	(7) cái	❶ cái	② zái
	(3) cì	① zì	❷ cì	(8) zuǒ	① cuǒ	❷ zuǒ
	(4) cuò	① zuò	❷ cuò	(9) zuǐ	① cuǐ	❷ zuǐ
	(5) zuì	❶ zuì	② cuì	(10) cù	❶ cù	② zù

F
	(1) zhè	❶ zhè	② chè	(6) zhòng	❶ zhòng	② chòng
	(2) zhū	① chū	❷ zhū	(7) zhǎo	❶ zhǎo	② chǎo
	(3) chǐ	① zhǐ	❷ chǐ	(8) zhù	❶ zhù	② chù
	(4) zhèng	❶ zhèng	② chèng	(9) zhēn	❶ zhēn	② chēn
	(5) chī	❶ chī	② zhī	(10) zhōng	❶ zhōng	② chōng

練習ドリル 1-5 解答

※白ヌキ数字のものが正解です。

A	(1)	zhī	❶ zhī	② zī	(6)	zuò	❶ zuò	② zhuò
	(2)	zhǐ	❶ zhǐ	② zǐ	(7)	zǒu	① zhǒu	❷ zǒu
	(3)	zì	❶ zì	② zhì	(8)	zhōng	❶ zhōng	② zōng
	(4)	zhāng	❶ zhāng	② zāng	(9)	zhèng	① zèng	❷ zhèng
	(5)	zhàn	❶ zhàn	② zàn	(10)	zhè	① zè	❷ zhè
B	(1)	zǎo	① zhǎo	❷ zǎo	(6)	shān	① sān	❷ shān
	(2)	zhù	① zù	❷ zhù	(7)	shàng	① sàng	❷ shàng
	(3)	zhēn	❶ zhēn	② zēn	(8)	shǎo	❶ shǎo	② sǎo
	(4)	zhòng	① zòng	❷ zhòng	(9)	shēn	① sēn	❷ shēn
	(5)	zài	❶ zài	② zhài	(10)	shēng	① sēng	❷ shēng
C	(1)	shí	❶ shí	② sí	(6)	suì	❶ suì	② shuì
	(2)	sì	❶ sì	② shì	(7)	suān	❶ suān	② shuān
	(3)	shū	❶ shū	② sū	(8)	shuō	❶ shuō	② suō
	(4)	shù	① sù	❷ shù	(9)	shǒu	① sǒu	❷ shǒu
	(5)	shuǐ	❶ shuǐ	② suǐ	(10)	shōu	① sōu	❷ shōu
D	(1)	cái	① chái	❷ cái	(6)	chē	① cē	❷ chē
	(2)	chá	❶ chá	② cá	(7)	cū	❶ cū	② chū
	(3)	chà	① cà	❷ chà	(8)	chuān	❶ chuān	② cuān
	(4)	cháng	❶ cháng	② cáng	(9)	chūn	① cūn	❷ chūn
	(5)	chàng	① càng	❷ chàng	(10)	cí	① chí	❷ cí
E	(1)	chōu	① cōu	❷ chōu	(6)	rè	① lè	❷ rè
	(2)	chuáng	❶ chuáng	② cuáng	(7)	ròu	❶ ròu	② lòu
	(3)	chī	① cī	❷ chī	(8)	rì	❶ rì	② lì
	(4)	cuò	① chuò	❷ cuò	(9)	rén	❶ rén	② lén
	(5)	chǎo	❶ chǎo	② cǎo	(10)	ràng	❶ ràng	② làng
F	(1)	chī	① cī	❷ chī	(6)	cán	❶ cán	② chán
	(2)	zī	❶ zī	② jī	(7)	xīng	① shēng	❷ xīng
	(3)	shén	① rén	❷ shén	(8)	cī	❶ cī	② zī
	(4)	qī	① chī	❷ qī	(9)	shǐ	① sǐ	❷ shǐ
	(5)	xīn	❶ xīn	② shēn	(10)	jiā	① chā	❷ jiā

模擬テスト 1 解答

※白ヌキ数字のものが正解です。

		①	②	③	④
A	(1) hē	① gē	**❷ hē**	③ kè	④ gè
	(2) ài	① bái	② bǎi	**❸ ài**	④ ǎi
	(3) yào	**❶ yào**	② yǒu	③ yòu	④ yāo
	(4) yī	① yì	**❷ yī**	③ qī	④ qì
	(5) tā	**❶ tā**	② dà	③ tà	④ dā
B	(1) wǒ	① wò	② hǔ	③ wǔ	**❹ wǒ**
	(2) jī	① xī	② qī	**❸ jī**	④ jí
	(3) cí	① sī	② chí	**❸ cí**	④ shí
	(4) zì	① zhì	**❷ zì**	③ jì	④ qì
	(5) qián	**❶ qián**	② qiáng	③ qiān	④ jiāng
C	(1) xiǎng	① xiāng	**❷ xiǎng**	③ xiān	④ xiàn
	(2) máo	① mó	② móu	**❸ máo**	④ māo
	(3) jīn	① qīn	② qīng	③ jīng	**❹ jīn**
	(4) rì	**❶ rì**	② lì	③ rè	④ lè
	(5) běn	① pěn	**❷ běn**	③ pěng	④ běng
D	(1) bàn	① bàng	② pàn	**❸ bàn**	④ pàng
	(2) tài	① dài	**❷ tài**	③ dāi	④ tāi
	(3) chī	① cī	② chí	**❸ chī**	④ cí
	(4) zhǐ	**❶ zhǐ**	② chǐ	③ zǐ	④ cǐ
	(5) yīn	① xīn	② xīng	③ yīng	**❹ yīn**
E	(1) yuǎn	① yǎng	② yuán	**❸ yuǎn**	④ yáng
	(2) nǚ	① xǔ	② yǔ	③ lǚ	**❹ nǚ**
	(3) liù	**❶ liù**	② niù	③ lòu	④ liú
	(4) guì	① kuì	**❷ guì**	③ kuài	④ guài
	(5) ròu	① ruò	② shòu	③ lòu	**❹ ròu**
F	(1) péng	① pén	② páng	**❸ péng**	④ pán
	(2) shì	① sí	② shí	③ sì	**❹ shì**
	(3) sān	**❶ sān**	② shān	③ sǎn	④ shǎn
	(4) yòng	① hòng	② nòng	**❸ yòng**	④ lòng
	(5) wàng	① wèng	**❷ wàng**	③ wàn	④ wèn

G	(1) shǎo	① xiǎo	② xiào	❸ shǎo	④ shào
	(2) pǎo	① pāo	② bāo	③ bǎo	❹ pǎo
	(3) yě	① xié	② yé	❸ yě	④ xiě
	(4) téng	① tēng	② tōng	③ tóng	❹ téng
	(5) xíng	❶ xíng	② xín	③ shéng	④ shēng
H	(1) yún	① yuān	② yūn	❸ yún	④ yuán
	(2) hóng	① nóng	② héng	③ lóng	❹ hóng
	(3) fú	❶ fú	② hú	③ fù	④ hù
	(4) duō	① tuō	❷ duō	③ dōu	④ tōu
	(5) xuě	① qiě	② jiě	③ xiě	❹ xuě
I	(1) dǒng	① dēng	② děng	❸ dǒng	④ dōng
	(2) gē	① gè	② kè	③ kē	❹ gē
	(3) kě	① gě	❷ kě	③ gé	④ ké
	(4) kàn	❶ kàn	② gàn	③ kàng	④ gàng
	(5) qiū	① qiú	② xiū	❸ qiū	④ yóu
J	(1) zhāng	① zhān	② chāng	③ shāng	❹ zhāng
	(2) zuì	❶ zuì	② cuì	③ zhuì	④ chuì
	(3) cài	❶ cài	② zài	③ cái	④ cǎi
	(4) chá	① shá	② zhá	③ lá	❹ chá
	(5) suān	① shān	❷ suān	③ sān	④ shuān
K	(1) jiě	① jiē	② jiè	③ jié	❹ jiě
	(2) zhè	① chè	❷ zhè	③ cè	④ zè
	(3) shǒu	❶ shǒu	② sǒu	③ shǎo	④ xiǎo
	(4) huì	① guǐ	② guì	❸ huì	④ huí
	(5) wén	❶ wén	② fén	③ hún	④ yún
L	(1) sūn	① shān	② suān	❸ sūn	④ xūn
	(2) è	① rè	② lè	❸ è	④ èr
	(3) lóu	① láo	② yóu	③ liú	❹ lóu
	(4) shū	① sū	❷ shū	③ xiū	④ shōu
	(5) Rìběn	❶ Rìběn	② sìběn	③ lìběn	④ rènběn

第1部 リスニング2
正確な音の聞き取り（その2）

出題パターンはコレだ！

〔例題〕(1)について、与えられた日本語を中国語で言い表す場合、最も適当なものを、①～④の中から1つ選び、その番号を解答欄にマークしなさい。 CD B-1

(1) お兄さん　①　②　③　④

〔正解〕④

〔解説〕お兄さんは中国語で「哥哥（gēge）」となりますので④が正解。①の「mèimei」は「妹」、②の「dìdi」は「弟」、③の「fùmǔ」は「両親」になります。

〔狙い〕リスニング2では、問題用紙の日本語の単語を見て、読みあげられる4つの音声の中から、その単語の中国語訳の正しい発音を選びます。

合格のための攻略ポイント！

リスニング2のポイントは、中国語の重要単語の意味と発音を正確に覚えているかどうかです。出題される単語はどれも重要なので、この機会にしっかりと覚えましょう。

リスニング2で出題される単語のジャンルは、以下の通りです。
1 よく使う動詞…吃（食べる）、写（書く）など
2 よく使う形容詞…好吃（おいしい）、凉快（涼しい）など
3 よく使う名詞…家族・親族関連単語　爷爷（おじいさん）、奶奶（おばあさん）など
　　　　　　　　時間を表す単語　八点（8時）、明天（明日）など
　　　　　　　　学校関連単語　老师（先生）、课本（教科書）など

1. よく使う動詞

CD B-2

爱	ài	愛する
包	bāo	包む
查	chá	調べる
唱	chàng	歌う
吃	chī	食べる
抽	chōu	吸う
穿	chuān	着る
出发	chūfā	出発する
打	dǎ	（電話を）かける
带	dài	携帯する

CD B-3

戴	dài	かぶる
到	dào	到着する
等	děng	待つ
懂	dǒng	分かる
读	dú	読む
飞	fēi	飛ぶ
工作	gōngzuò	勤める（働く）
过	guò	渡る
喝	hē	飲む
回	huí	帰る

CD B-4

会	huì	できる
回答	huídá	答える
见	jiàn	会う
教	jiāo	教える
借	jiè	借りる
进	jìn	入る
看	kàn	見る
哭	kū	泣く
来	lái	来る

卖	mài	売る

CD B-5

买	mǎi	買う
能	néng	できる
跑	pǎo	走る
骑	qí	（またがって）乗る
起床	qǐchuáng	起きる
去	qù	行く
数	shǔ	数える
睡觉	shuìjiào	寝る
说	shuō	話す
听	tīng	聞く

CD B-6

玩	wán	遊ぶ
完	wán	終わる
洗	xǐ	洗う
下	xià	下りる、降る
想	xiǎng	～したい
笑	xiào	笑う
写	xiě	書く
姓	xìng	名字は～である。
休息	xiūxi	休む
学	xué	学ぶ

CD B-7

要	yào	ほしい
用	yòng	使う
在	zài	いる、ある
站	zhàn	立つ
知道	zhīdao	知る
住	zhù	住む
走	zǒu	歩く
坐	zuò	座る、乗る
作	zuò	作る
做	zuò	する

2. よく使う形容詞

CD B-8

薄	báo	薄い
长	cháng	長い
粗	cū	太い
大	dà	大きい
低	dī	低い
短	duǎn	短い
对	duì	正しい
多	duō	多い
干净	gānjìng	きれいだ、清潔だ
高	gāo	（背が）高い

CD B-9

高兴	gāoxìng	うれしい
贵	guì	（値段が）高い
好	hǎo	良い
好吃	hǎochī	（食べ物が）おいしい
好喝	hǎohē	（飲み物が）おいしい
厚	hòu	分厚い
坏	huài	悪い
近	jìn	近い
可爱	kě'ài	かわいい
可笑	kěxiào	おかしい、こっけいだ

CD B-10

苦	kǔ	苦い
快乐	kuàilè	楽しい
辣	là	からい
冷	lěng	寒い
凉	liáng	冷たい
凉快	liángkuai	涼しい
麻烦	máfan	面倒くさい
慢	màn	（スピードが）遅い
忙	máng	忙しい
美	měi	美しい

CD B-11

难	nán	難しい
难受	nánshòu	つらい
年轻	niánqīng	若い
暖和	nuǎnhuo	暖かい
胖	pàng	太っている
便宜	piányi	安い
漂亮	piàoliang	美しい
浅	qiǎn	浅い
轻	qīng	軽い
热	rè	暑い

CD B-12

容易	róngyì	やさしい、簡単だ
少	shǎo	少ない
深	shēn	深い
瘦	shòu	痩せている
舒服	shūfu	気分が良い
酸	suān	すっぱい
疼	téng	痛い
甜	tián	甘い
晚	wǎn	（時間が）遅い
细	xì	細い

CD B-13

咸	xián	しょっぱい（塩辛い）
小	xiǎo	小さい
新	xīn	新しい
硬	yìng	硬い
有意思	yǒuyìsi	面白い
远	yuǎn	遠い
愉快	yúkuài	快い、愉快だ
脏	zāng	汚い
早	zǎo	早い
重	zhòng	重い

3. よく使う名詞

🎧 CD B-14

爸爸	bàba	お父さん
白天	báitiān	昼間
报纸	bàozhǐ	新聞
北京	Běijīng	北京
本子	běnzi	ノート
车站	chēzhàn	駅
词典	cídiǎn	辞書
大夫	dàifu	医者
电话	diànhuà	電話
电脑	diànnǎo	パソコン

🎧 CD B-15

电视	diànshì	テレビ
弟弟	dìdi	弟
儿子	érzi	息子
饭店	fàndiàn	ホテル
钢笔	gāngbǐ	万年筆
哥哥	gēge	お兄さん
广州	Guǎngzhōu	広州
孩子	háizi	子ども
汉语	Hànyǔ	中国語
黑板	hēibǎn	黒板

🎧 CD B-16

后天	hòutiān	あさって
教室	jiàoshì	教室
机场	jīchǎng	空港
姐姐	jiějie	お姉さん
今天	jīntiān	今日
课本	kèběn	教科書
老师	lǎoshī	先生
妈妈	māma	お母さん
美国	Měiguó	アメリカ
妹妹	mèimei	妹

🎧 CD B-17

明天	míngtiān	明日
奶奶	nǎinai	おばあさん
女儿	nǚ'ér	娘
铅笔	qiānbǐ	鉛筆
前天	qiántiān	おととい
妻子	qīzi	妻
日本	Rìběn	日本
日语	Rìyǔ	日本語
上海	Shànghǎi	上海
上午	shàngwǔ	午前

🎧 CD B-18

手机	shǒujī	携帯電話
书	shū	本
图书馆	túshūguǎn	図書館
晚上	wǎnshang	夜
西安	Xī'ān	西安
下午	xiàwǔ	午後
学生	xuésheng	学生
爷爷	yéye	おじいさん
英国	Yīngguó	イギリス
英语	Yīngyǔ	英語

🎧 CD B-19

医院	yīyuàn	病院
椅子	yǐzi	椅子
邮局	yóujú	郵便局
早上	zǎoshang	朝
杂志	zázhì	雑誌
丈夫	zhàngfu	夫
中国	Zhōngguó	中国
中午	zhōngwǔ	正午
桌子	zhuōzi	机
昨天	zuótiān	昨日

練習ドリル 2-1

1回目	2回目	3回目	46〜60点　その調子で！ 31〜45点　もう少し！ 0〜30点　がんばろう！
/60	/60	/60	

CD B-20〜25

1. よく使う動詞

次の日本語を中国語で言い表す場合、最も適当なものを①、②の中から1つ選び、その番号を解答欄にマークしなさい。

A
- (1)：会う　① ②
- (2)：遊ぶ　① ②
- (3)：洗う　① ②
- (4)：歩く　① ②
- (5)：行く　① ②
- (6)：いる　① ②
- (7)：売る　① ②
- (8)：起きる　① ②
- (9)：教える　① ②
- (10)：下りる　① ②

B
- (1)：終わる　① ②
- (2)：買う　① ②
- (3)：帰る　① ②
- (4)：書く　① ②
- (5)：数える　① ②
- (6)：借りる　① ②
- (7)：聞く　① ②
- (8)：着る　① ②
- (9)：来る　① ②
- (10)：答える　① ②

C
- (1)：〜したい　① ②
- (2)：調べる　① ②
- (3)：知る　① ②
- (4)：吸う　① ②
- (5)：住む　① ②
- (6)：座る　① ②
- (7)：立つ　① ②
- (8)：食べる　① ②
- (9)：使う　① ②
- (10)：する　① ②

D
- (1)：働く　① ②
- (2)：できる　① ②
- (3)：できる　① ②
- (4)：飛ぶ　① ②
- (5)：泣く　① ②
- (6)：寝る　① ②
- (7)：飲む　① ②
- (8)：乗る　① ②
- (9)：入る　① ②
- (10)：走る　① ②

E
- (1)：話す　① ②
- (2)：降る　① ②
- (3)：待つ　① ②
- (4)：学ぶ　① ②
- (5)：見る　① ②
- (6)：ほしい　① ②
- (7)：休む　① ②
- (8)：読む　① ②
- (9)：渡る　① ②
- (10)：笑う　① ②

F
- (1)：分かる　① ②
- (2)：愛する　① ②
- (3)：(またがって)乗る　① ②
- (4)：包む　① ②
- (5)：歌う　① ②
- (6)：(電話を)かける　① ②
- (7)：携帯する　① ②
- (8)：かぶる　① ②
- (9)：出発する　① ②
- (10)：到着する　① ②

1回目	2回目	3回目	46〜60点　その調子で！ 31〜45点　もう少し！ 0〜30点　がんばろう！
/60	/60	/60	

CD B-26〜31

2. よく使う形容詞

次の日本語を中国語で言い表す場合、最も適当なものを①、②の中から1つ選び、その番号を解答欄にマークしなさい。

A (1)：浅い　　①②
　(2)：暖かい　①②
　(3)：暑い　　①②
　(4)：厚い　　①②
　(5)：甘い　　①②
　(6)：忙しい　①②
　(7)：痛い　　①②
　(8)：薄い　　①②
　(9)：美しい　①②
　(10)：うれしい①②

B (1)：(食べ物が)おいしい ①②
　(2)：多い　　①②
　(3)：大きい　①②
　(4)：こっけいだ①②
　(5)：(スピードが)遅い①②
　(6)：(時間が)遅い①②
　(7)：重い　　①②
　(8)：面白い　①②
　(9)：硬い　　①②
　(10)：からい　①②

C (1)：軽い　　①②
　(2)：可愛い　①②
　(3)：汚い　　①②
　(4)：清潔だ　①②
　(5)：愉快だ　①②
　(6)：寒い　　①②
　(7)：塩辛い　①②
　(8)：少ない　①②
　(9)：涼しい　①②
　(10)：すっぱい①②

D (1)：(背が)高い①②
　(2)：(値段が)高い①②
　(3)：正しい　①②
　(4)：楽しい　①②
　(5)：小さい　①②
　(6)：近い　　①②
　(7)：冷たい　①②
　(8)：つらい　①②
　(9)：遠い　　①②
　(10)：長い　　①②

E (1)：苦い　　①②
　(2)：早い　　①②
　(3)：低い　　①②
　(4)：深い　　①②
　(5)：太い　　①②
　(6)：細い　　①②
　(7)：(飲み物が)おいしい①②
　(8)：短い　　①②
　(9)：難しい　①②
　(10)：面倒くさい①②

F (1)：簡単だ　①②
　(2)：安い　　①②
　(3)：良い　　①②
　(4)：若い　　①②
　(5)：悪い　　①②
　(6)：新しい　①②
　(7)：太っている①②
　(8)：痩せている①②
　(9)：気分が良い①②
　(10)：美しい　①②

練習ドリル 2-3

1回目	2回目	3回目	46〜60点　その調子で！
/60	/60	/60	31〜45点　もう少し！ 0〜30点　がんばろう！

CD B-32~37

3. よく使う名詞

次の日本語を中国語で言い表す場合、最も適当なものを①、②の中から1つ選び、その番号を解答欄にマークしなさい。

A (1)：おじいさん　① ②
　(2)：おばあさん　① ②
　(3)：お父さん　① ②
　(4)：お母さん　① ②
　(5)：お姉さん　① ②
　(6)：お兄さん　① ②
　(7)：弟　① ②
　(8)：妹　① ②
　(9)：夫　① ②
　(10)：妻　① ②

B (1)：息子　① ②
　(2)：娘　① ②
　(3)：子ども　① ②
　(4)：中国　① ②
　(5)：日本　① ②
　(6)：アメリカ　① ②
　(7)：イギリス　① ②
　(8)：北京　① ②
　(9)：上海　① ②
　(10)：西安　① ②

C (1)：広州　① ②
　(2)：日本語　① ②
　(3)：中国語　① ②
　(4)：英語　① ②
　(5)：先生　① ②
　(6)：医者　① ②
　(7)：学生　① ②
　(8)：辞書　① ②
　(9)：本　① ②
　(10)：教科書　① ②

D (1)：ノート　① ②
　(2)：机　① ②
　(3)：黒板　① ②
　(4)：教室　① ②
　(5)：新聞　① ②
　(6)：万年筆　① ②
　(7)：鉛筆　① ②
　(8)：雑誌　① ②
　(9)：図書館　① ②
　(10)：椅子　① ②

E (1)：テレビ　① ②
　(2)：電話　① ②
　(3)：パソコン　① ②
　(4)：携帯電話　① ②
　(5)：空港　① ②
　(6)：駅　① ②
　(7)：ホテル　① ②
　(8)：郵便局　① ②
　(9)：病院　① ②
　(10)：朝　① ②

F (1)：午前　① ②
　(2)：午後　① ②
　(3)：正午　① ②
　(4)：昼間　① ②
　(5)：夜　① ②
　(6)：今日　① ②
　(7)：昨日　① ②
　(8)：明日　① ②
　(9)：明後日　① ②
　(10)：一昨日　① ②

模擬テスト2 解答用紙

点数 　/60

46〜60点　その調子で！
31〜45点　もう少し！
0〜30点　がんばろう！

CD B-38〜49

第1部 リスニング❷

次の日本語を中国語で言い表す場合、最も適当なものを①〜④の中から1つ選び、その番号を解答欄にマークしなさい。

A	(1)：妻	①	②	③	④	G	(1)：会う	①	②	③	④
	(2)：お姉さん	①	②	③	④		(2)：食べる	①	②	③	④
	(3)：日本	①	②	③	④		(3)：飲む	①	②	③	④
	(4)：中国語	①	②	③	④		(4)：できる	①	②	③	④
	(5)：辞書	①	②	③	④		(5)：休む	①	②	③	④
B	(1)：教室	①	②	③	④	H	(1)：ご飯を食べる	①	②	③	④
	(2)：電話	①	②	③	④		(2)：お茶を飲む	①	②	③	④
	(3)：机	①	②	③	④		(3)：北京に行く	①	②	③	④
	(4)：新聞	①	②	③	④		(4)：買い物をする	①	②	③	④
	(5)：駅	①	②	③	④		(5)：中国語を学ぶ	①	②	③	④
C	(1)：午後	①	②	③	④	I	(1)：住む	①	②	③	④
	(2)：お兄さん	①	②	③	④		(2)：入る	①	②	③	④
	(3)：ノート	①	②	③	④		(3)：寝る	①	②	③	④
	(4)：明後日	①	②	③	④		(4)：待つ	①	②	③	④
	(5)：子ども	①	②	③	④		(5)：話す	①	②	③	④
D	(1)：おばあさん	①	②	③	④	J	(1)：聞く	①	②	③	④
	(2)：椅子	①	②	③	④		(2)：座る	①	②	③	④
	(3)：鉛筆	①	②	③	④		(3)：使う	①	②	③	④
	(4)：本	①	②	③	④		(4)：笑う	①	②	③	④
	(5)：医者	①	②	③	④		(5)：ほしい	①	②	③	④
E	(1)：日本語	①	②	③	④	K	(1)：涼しい	①	②	③	④
	(2)：学生	①	②	③	④		(2)：(食べて)おいしい	①	②	③	④
	(3)：上海	①	②	③	④		(3)：暑い	①	②	③	④
	(4)：配偶者	①	②	③	④		(4)：安い	①	②	③	④
	(5)：携帯電話	①	②	③	④		(5)：(値段が)高い	①	②	③	④
F	(1)：先生	①	②	③	④	L	(1)：多い	①	②	③	④
	(2)：英語	①	②	③	④		(2)：小さい	①	②	③	④
	(3)：妹	①	②	③	④		(3)：太い	①	②	③	④
	(4)：息子	①	②	③	④		(4)：暖かい	①	②	③	④
	(5)：雑誌	①	②	③	④		(5)：忙しい	①	②	③	④

練習ドリル 2-1 解答と解説

※白ヌキ数字のものが正解です。

A
(1)	会う	❶ jiàn（见）	② qiān（千…千）
(2)	遊ぶ	① wǎn（晚…時間が遅い）	❷ wán（玩）
(3)	洗う	① xī（西…西）	❷ xǐ（洗）
(4)	歩く	① zhōu（周…週）	❷ zǒu（走）
(5)	行く	❶ qù（去）	② jì（寄…手紙を出す）
(6)	いる	❶ zài（在）	② cài（菜…料理）
(7)	売る	① mǎi（买…買う）	❷ mài（卖）
(8)	起きる	❶ qǐchuáng（起床）	② xiǎng（想…〜したい）
(9)	教える	① jiào（叫…（姓が）〜という）	❷ jiāo（教）
(10)	下りる	❶ xià（下）	② xiā（虾…エビ）

B
(1)	終わる	① wǎn（晚…時間が遅い）	❷ wán（完）
(2)	買う	❶ mǎi（买）	② měi（美…美しい）
(3)	帰る	① huì（会…〜できる）	❷ huí（回）
(4)	書く	① xuě（雪…雪）	❷ xiě（写）
(5)	数える	❶ shǔ（数）	② shū（书…本）
(6)	借りる	❶ jiè（借）	② jiē（接…出迎える）
(7)	聞く	① tíng（停…止まる）	❷ tīng（听）
(8)	着る	① chuáng（床…ベッド）	❷ chuān（穿）
(9)	来る	❶ lái（来）	② lèi（累…疲れる）
(10)	答える	① huí jiā（回家…家に帰る）	❷ huídá（回答）

C
(1)	〜したい	① xiān（先…先に）	❷ xiǎng（想）
(2)	調べる	① chà（差…足りない）	❷ chá（查）
(3)	知る	① chídào（迟到…遅刻する）	❷ zhīdao（知道）
(4)	吸う	❶ chōu（抽）	② chòu（臭…臭い）
(5)	住む	① zū（租…借りる）	❷ zhù（住）
(6)	座る	① cuò（错…正しくない）	❷ zuò（坐）
(7)	立つ	❶ zhàn（站）	② zhāng（张…〜枚）
(8)	食べる	① zhī（枝）	❷ chī（吃）
(9)	使う	❶ yòng（用）	② yìng（硬…硬い）
(10)	する	❶ zuò（做）	② zǒu（走…歩く）

D (1)	働く	① gōngsī（公司…会社）	❷ gōngzuò（工作）
(2)	できる	① fēi（飞…飛ぶ）	❷ huì（会）
(3)	できる	❶ néng（能）	② lěng（冷…寒い）
(4)	飛ぶ	① huí（回…〜回）	❷ fēi（飞）
(5)	泣く	❶ kū（哭）	② kǔ（苦…苦い）
(6)	寝る	❶ shuìjiào（睡觉）	② shuǐjiǎo（水饺…水餃子）
(7)	飲む	① hé（和…〜と）	❷ hē（喝）
(8)	乗る	❶ zuò（坐）	② cuò（错…間違っている）
(9)	入る	① qīn（亲…親しい）	❷ jìn（进）
(10)	走る	❶ pǎo（跑）	② bǎo（饱…満腹になる）
E (1)	話す	❶ shuō（说）	② shū（书…本）
(2)	降る	❶ xià（下）	② xìng（姓）
(3)	待つ	① téng（疼…痛い）	❷ děng（等）
(4)	学ぶ	❶ xué（学）	② xié（鞋…靴）
(5)	見る	① gàn（干…する）	❷ kàn（看）
(6)	ほしい	① yòu（又…また）	❷ yào（要）
(7)	休む	① xuéxí（学习…勉強する）	❷ xiūxi（休息）
(8)	読む	❶ dú（读）	② dìtú（地图…地図）
(9)	渡る	① gē（歌…歌）	❷ guò（过）
(10)	笑う	❶ xiào（笑）	② shǎo（少…少ない）
F (1)	分かる	❶ dǒng（懂）	② téng（疼…痛い）
(2)	愛する	① ǎi（矮…背が低い）	❷ ài（爱）
(3)	（またがって）乗る	① qǐ（起…起きる）	❷ qí（骑）
(4)	包む	❶ bāo（包）	② pǎo（跑…走る）
(5)	歌う	❶ chàng（唱）	② cháng（长…長い）
(6)	（電話を）かける	❶ dǎ（打）	② dà（大…大きい）
(7)	携帯する	① tài（太…余りにも）	❷ dài（带）
(8)	かぶる	❶ dài（戴）	② děi（得…〜しなければならない）
(9)	出発する	① zǒu ba（走吧…行きましょう）	❷ chūfā（出发）
(10)	到着する	① dōu（都…みんな）	❷ dào（到）

練習ドリル 2-2 解答と解説

※白ヌキ数字のものが正解です。

A
- (1) 浅い　① qián（钱…お金）　❷ qiǎn（浅）
- (2) 暖かい　❶ nuǎnhuo（暖和）　② nǎge（哪个…どれ）
- (3) 暑い　① lè（乐）　❷ rè（热）
- (4) 厚い　① gǒu（狗…イヌ）　❷ hòu（厚）
- (5) 甘い　❶ tián（甜）　② tiān（天…天）
- (6) 忙しい　❶ máng（忙）　② màn（慢…遅い）
- (7) 痛い　① děng（等…待つ）　❷ téng（疼）
- (8) 薄い　① bào（报…新聞）　❷ báo（薄）
- (9) 美しい　① mǎi（买…買う）　❷ měi（美）
- (10) うれしい　❶ gāoxìng（高兴）　② gàosu（告诉…告げる）

B
- (1) （食べ物が）おいしい　❶ hǎochī（好吃）　② háishi（还是…それとも）
- (2) 多い　❶ duō（多）　② dōu（都…すべて）
- (3) 大きい　① tā（他…彼）　❷ dà（大）
- (4) こっけいだ　① gǎnxiè（感谢…感謝する）　❷ kěxiào（可笑）
- (5) （スピードが）遅い　① nán（难…難しい）　❷ màn（慢）
- (6) （時間が）遅い　❶ wǎn（晚）　② wán（完…終わる）
- (7) 重い　① cóng（从…〜から）　❷ zhòng（重）
- (8) 面白い　① Yǒu rén ma?（有人吗?…誰かいますか?）　❷ yǒuyìsi（有意思）
- (9) 硬い　❶ yìng（硬）　② yīn（阴…曇り）
- (10) からい　① nà（那…あれ）　❷ là（辣）

C
- (1) 軽い　① qǐng（请…どうぞ）　❷ qīng（轻）
- (2) 可愛い　① kāi（开…開ける）　❷ kě'ài（可爱）
- (3) 汚い　❶ zāng（脏）　② zhāng（张…〜枚）
- (4) 清潔だ　❶ gānjìng（干净）　② gāoxìng（高兴…うれしい）
- (5) 愉快だ　❶ yúkuài（愉快）　② shí kuài（十块…10元）
- (6) 寒い　① děng（等…待つ）　❷ lěng（冷）
- (7) 塩辛い　① xiān（先…先に）　❷ xián（咸）
- (8) 少ない　① xiǎo（小…小さい）　❷ shǎo（少）
- (9) 涼しい　① liǎng kuài（两块…2元）　❷ liángkuai（凉快）
- (10) すっぱい　① sān（三…三）　❷ suān（酸）

D (1)	（背が）高い	❶ gāo（高）	② kǒu（口…家族を数える量詞）
(2)	（値段が）高い	❶ guì（贵）	② kuài（快…スピードが速い）
(3)	正しい	① tuī（推…押す）	❷ duì（对）
(4)	楽しい	① kuài…le（快～了…もうすぐ）	❷ kuàilè（快乐）
(5)	小さい	① shǎo（少…少ない）	❷ xiǎo（小）
(6)	近い	❶ jìn（近）	② qīng（轻…軽い）
(7)	冷たい	① liǎng（两…2つ）	❷ liáng（凉）
(8)	つらい	① nuǎnhuo（暖和…暖かい）	❷ nánshòu（难受）
(9)	遠い	❶ yuǎn（远）	② yú（鱼…魚）
(10)	長い	① zhǎng（长…成長する）	❷ cháng（长）
E (1)	苦い	❶ kǔ（苦）	② kū（哭…泣く）
(2)	早い	❶ zǎo（早）	② zhǎo（找…探す）
(3)	低い	❶ dī（低）	② tī（踢…蹴る）
(4)	深い	① zhēn（真…本当に）	❷ shēn（深）
(5)	太い	❶ cū（粗）	② zhū（猪…豚）
(6)	細い	① xī（西…西）	❷ xì（细）
(7)	（飲み物が）おいしい	① hǎochī（好吃…食べ物がおいしい）	❷ hǎohē（好喝）
(8)	短い	❶ duǎn（短）	② dǒng（懂…分かる）
(9)	難しい	❶ nán（难）	② néng（能…できる）
(10)	面倒くさい	① mǎshàng（马上…すぐ）	❷ máfan（麻烦）
F (1)	簡単だ	① Rìyǔ（日语…日本語）	❷ róngyì（容易）
(2)	安い	① péngyou（朋友…友だち）	❷ piányi（便宜）
(3)	良い	① hào（号…～日）	❷ hǎo（好）
(4)	若い	① niánjì（年纪…年齢）	❷ niánqīng（年轻）
(5)	悪い	❶ huài（坏）	② huì（会…できる）
(6)	新しい	❶ xīn（新）	② xīng（星…星）
(7)	太っている	① bàn（半…半）	❷ pàng（胖）
(8)	痩せている	① shǒu（手…手）	❷ shòu（瘦）
(9)	気分が良い	❶ shūfu（舒服）	② shīfu（师傅…～さん）
(10)	美しい	❶ piàoliang（漂亮）	② pàotāng（泡汤…ダメになる）

練習ドリル 2-3 解答と解説

※白ヌキ数字のものが正解です。

A
- (1) おじいさん｜① jiějie（姐姐…姉）｜❷ yéye（爷爷）
- (2) おばあさん｜① háizi（孩子…子ども）｜❷ nǎinai（奶奶）
- (3) お父さん｜❶ bàba（爸爸）｜② bóbo（伯伯…おじさん）
- (4) お母さん｜① mèimei（妹妹…妹）｜❷ māma（妈妈）
- (5) お姉さん｜① gēge（哥哥…兄）｜❷ jiějie（姐姐）
- (6) お兄さん｜❶ gēge（哥哥）｜② mèimei（妹妹…妹）
- (7) 弟｜① dìfang（地方…ところ）｜❷ dìdi（弟弟）
- (8) 妹｜❶ mèimei（妹妹）｜② jiějie（姐姐…お姉さん）
- (9) 夫｜① dàifu（大夫…医者）｜❷ zhàngfu（丈夫）
- (10) 妻｜❶ qīzi（妻子）｜② àiren（爱人…配偶者）

B
- (1) 息子｜❶ érzi（儿子）｜② érnǚ（儿女…子女）
- (2) 娘｜① nǚzǐ（女子…女子）｜❷ nǚ'ér（女儿）
- (3) 子ども｜① Hànzì（汉字…漢字）｜❷ háizi（孩子）
- (4) 中国｜❶ Zhōngguó（中国）｜② Zhōngwén（中文…中国語）
- (5) 日本｜❶ Rìběn（日本）｜② sì běn（四本…4冊）
- (6) アメリカ｜① měi tiān（每天…毎日）｜❷ Měiguó（美国）
- (7) イギリス｜① Yīngyǔ（英语…英語）｜❷ Yīngguó（英国）
- (8) 北京｜❶ Běijīng（北京）｜② běibian（北边…北）
- (9) 上海｜❶ Shànghǎi（上海）｜② shāngdiàn（商店…商店）
- (10) 西安｜① xiàbān（下班…退勤する）｜❷ Xī'ān（西安）

C
- (1) 広州｜① guānzhào（关照…面倒を見る）｜❷ Guǎngzhōu（广州）
- (2) 日本語｜❶ Rìyǔ（日语）｜② Rìběn（日本…日本）
- (3) 中国語｜❶ Hànyǔ（汉语）｜② Hànzì（汉字…漢字）
- (4) 英語｜❶ Yīngyǔ（英语）｜② yīnggāi（应该…すべきである）
- (5) 先生｜① liànxí（练习…練習）｜❷ lǎoshī（老师）
- (6) 医者｜① yīyuàn（医院…病院）｜❷ dàifu（大夫）
- (7) 学生｜① xuéxí（学习…学ぶ）｜❷ xuésheng（学生）
- (8) 辞書｜① chēzhàn（车站…駅）｜❷ cídiǎn（词典）
- (9) 本｜❶ shū（书）｜② shù（树…木）
- (10) 教科書｜❶ kèběn（课本）｜② kèqi（客气…遠慮する）

D (1)	ノート	❶ běnzi（本子）	② bēizi（杯子…コップ）
(2)	机	❶ zhuōzi（桌子）	② zázhì（杂志…雑誌）
(3)	黒板	❶ hēibǎn（黑板）	② hǎokàn（好看…見た目が美しい）
(4)	教室	① jiàoshī（教师…教師）	❷ jiàoshì（教室）
(5)	新聞	① bāozi（包子…まんじゅう）	❷ bàozhǐ（报纸）
(6)	万年筆	① gāoxìng（高兴…うれしい）	❷ gāngbǐ（钢笔）
(7)	鉛筆	❶ qiānbǐ（铅笔）	② qiánbian（前边…前）
(8)	雑誌	① zuòyè（作业…宿題）	❷ zázhì（杂志）
(9)	図書館	❶ túshūguǎn（图书馆）	② huǒchēzhàn（火车站…駅）
(10)	椅子	① yìzhí（一直…ずっと）	❷ yǐzi（椅子）
E (1)	テレビ	❶ diànshì（电视）	② diànyǐng（电影…映画）
(2)	電話	① diànchē（电车…電車）	❷ diànhuà（电话）
(3)	パソコン	① diǎnxin（点心…菓子）	❷ diànnǎo（电脑）
(4)	携帯電話	① shǒubiǎo（手表…腕時計）	❷ shǒujī（手机）
(5)	空港	❶ jīchǎng（机场）	② jīdàn（鸡蛋…卵）
(6)	駅	❶ chēzhàn（车站）	② cèsuǒ（厕所…トイレ）
(7)	ホテル	① fángjiān（房间…部屋）	❷ fàndiàn（饭店）
(8)	郵便局	① yínháng（银行…銀行）	❷ yóujú（邮局）
(9)	病院	❶ yīyuàn（医院）	② yīnyuè（音乐…音楽）
(10)	朝	① zǎofàn（早饭…朝食）	❷ zǎoshang（早上）
F (1)	午前	❶ shàngwǔ（上午）	② shàng bān（上班…出勤する）
(2)	午後	❶ xiàwǔ（下午）	② xià kè（下课…授業が終わる）
(3)	正午	① zhōngxué（中学…中学）	❷ zhōngwǔ（中午）
(4)	昼間	① běibian（北边…北）	❷ báitiān（白天）
(5)	夜	① wǎnfàn（晚饭…夕食）	❷ wǎnshang（晚上）
(6)	今日	① jiǎndān（简单…簡単である）	❷ jīntiān（今天）
(7)	昨日	❶ zuótiān（昨天）	② zuǒbian（左边…左）
(8)	明日	① míngnián（明年…来年）	❷ míngtiān（明天）
(9)	明後日	❶ hòutiān（后天）	② hòubian（后边…後ろ）
(10)	一昨日	① qiánnián（前年…一昨年）	❷ qiántiān（前天）

模擬テスト 2 解答

※白ヌキ数字のものが正解です。

A
(1)	妻（妻子）	① jīzì	**❷ qīzi**	③ qīzì	④ jīzi
(2)	お姉さん（姐姐）	① yéye	② xiěxiě	**❸ jiějie**	④ qiēqiē
(3)	日本（日本）	① rìbēn	② rénběn	③ sìběn	**❹ Rìběn**
(4)	中国語（汉语）	**❶ Hànyǔ**	② hányǔ	③ hányú	④ guānyú
(5)	辞書（词典）	① sìdiǎn	② shìdiǎn	③ shídiǎn	**❹ cídiǎn**

B
(1)	教室（教室）	**❶ jiàoshì**	② jiàoshī	③ jiùshì	④ qiǎoshì
(2)	電話（电话）	① diànshì	**❷ diànhuà**	③ diànnǎo	④ diànchē
(3)	机（桌子）	**❶ zhuōzi**	② cuōzi	③ zuōzi	④ chuōzi
(4)	新聞（报纸）	① bāozi	② bāozhī	**❸ bàozhǐ**	④ bàozi
(5)	駅（车站）	① zhèjiàn	② zhèzhàn	③ chīfàn	**❹ chēzhàn**

C
(1)	午後（下午）	① zhōngwǔ	② shàngwǔ	**❸ xiàwǔ**	④ xiǎowú
(2)	お兄さん（哥哥）	**❶ gēge**	② kēke	③ gègè	④ zhège
(3)	ノート（本子）	① yǐzi	**❷ běnzi**	③ zhuōzi	④ běnzǐ
(4)	明後日（后天）	① qiántiān	② jīntiān	**❸ hòutiān**	④ zuótiān
(5)	子ども（孩子）	**❶ háizi**	② háishi	③ háichī	④ háicī

D
(1)	おばあさん（奶奶）	① mèimei	② měiměi	③ mǎimai	**❹ nǎinai**
(2)	椅子（椅子）	① yìzhí	② yīzì	③ yízi	**❹ yǐzi**
(3)	鉛筆（铅笔）	① qiánbǐ	② qiànbǐ	③ jiǎnbǐ	**❹ qiānbǐ**
(4)	本（书）	**❶ shū**	② shù	③ shǔ	④ shú
(5)	医者（医生）	① yìshēng	**❷ yīshēng**	③ jīshēng	④ qīshēng

E
(1)	日本語（日语）	① rìyú	② lǐyú	③ lìyǔ	**❹ Rìyǔ**
(2)	学生（学生）	① xuéshèng	**❷ xuésheng**	③ xiésheng	④ xiěshēng
(3)	上海（上海）	① xiānghǎi	② xiǎoháir	③ xiǎnghǎi	**❹ Shànghǎi**
(4)	配偶者（爱人）	① áirén	② āirén	**❸ àiren**	④ hàirén
(5)	携帯電話（手机）	**❶ shǒujī**	② shǒujì	③ shōují	④ shōujì

F
(1)	先生（老师）	① lǎoshì	② lǎoshi	③ lǎosì	**❹ lǎoshī**
(2)	英語（英语）	① yìngyú	② yíngyú	**❸ Yīngyǔ**	④ yīnyǔ
(3)	妹（妹妹）	**❶ mèimei**	② méiméi	③ méimǎi	④ méimài
(4)	息子（儿子）	① érzì	**❷ érzi**	③ érshì	④ èrshí
(5)	雑誌（杂志）	① zázì	② shàshì	**❸ zázhì**	④ záshì

G	(1) 会う（见）	① qiàn	❷ jiàn	③ xiàn	④ jiān
	(2) 食べる（吃）	❶ chī	② cī	③ zhī	④ qī
	(3) 飲む（喝）	① kē	② gē	③ hé	❹ hē
	(4) できる（会）	① huī	② huí	❸ huì	④ fèi
	(5) 休む（休息）	① xiāoxi	❷ xiūxi	③ xiǎoxí	④ xiùqì
H	(1) ご飯を食べる（吃饭）	① qīpàn	② chīmiàn	❸ chī fàn	④ qīpiàn
	(2) お茶を飲む（喝茶）	① hēshá	❷ hē chá	③ gēshá	④ huāchá
	(3) 北京に行く（去北京）	① qìbǎibìng	② qìBěijīng	❸ qù Běijīng	④ qùbǎibìng
	(4) 買い物をする（买东西）	❶ mǎi dōngxi	② màidōngxi	③ méidōngxi	④ mǎidōngxī
	(5) 中国語を学ぶ（学汉语）	① xuéhányǔ	② xiěHànyǔ	③ xiěhányǔ	❹ xué Hànyǔ
I	(1) 住む（住）	① zhū	❷ zhù	③ zū	④ chù
	(2) 入る（进）	① jīn	② jīng	❸ jìn	④ jǐn
	(3) 寝る（睡觉）	① shuǐjiǎo	② shuíjiào	❸ shuìjiào	④ zuìxiǎo
	(4) 待つ（等）	① tǒng	② téng	❸ děng	④ dǎng
	(5) 話す（说）	❶ shuō	② suō	③ cuō	④ chuō
J	(1) 聞く（听）	① dǐng	② tǐng	③ dīng	❹ tīng
	(2) 座る（坐）	① zhuò	❷ zuò	③ zuǒ	④ cuò
	(3) 使う（用）	① xióng	② yóng	③ róng	❹ yòng
	(4) 笑う（笑）	① xiáo	❷ xiào	③ xiǎo	④ jiào
	(5) ほしい（要）	① yǒu	② yǎo	③ yòu	❹ yào
K	(1) 涼しい（凉快）	① liǎngkuài	② liǎnkuài	❸ liángkuai	④ láikuai
	(2) （食べて）おいしい（好吃）	❶ hǎochī	② hǎoqī	③ hàochī	④ hàoqí
	(3) 暑い（热）	① ruò	② lè	❸ rè	④ luò
	(4) 安い（便宜）	① biānyì	❷ piányi	③ piányì	④ biānyí
	(5) （値段が）高い（贵）	① guī	② huì	③ kuì	❹ guì
L	(1) 多い（多）	❶ duō	② tuō	③ duó	④ tuó
	(2) 小さい（小）	① xiáo	② shǎo	③ xiào	❹ xiǎo
	(3) 太い（粗）	① zū	② zhù	❸ cū	④ cù
	(4) 暖かい（暖和）	① nánhē	❷ nuǎnhuo	③ nuǎnhé	④ nánhuó
	(5) 忙しい（忙）	① mán	② màn	❸ máng	④ màng

第1部 リスニング3
数字・時間表現の聞き取り

出題パターンはコレだ！

〔例題〕次の（1）の語句を中国語で言い表す場合、最も適当なものを、①～④の中から1つ選び、その番号を解答欄にマークしなさい。 CD B-50

(1) 2222　　①　　②　　③　　④

〔正解〕④

〔解説〕2の読み方は、「èr」と「liǎng」の2種類があるので、その使い分けに注意しましょう。この場合、正しいのは「**liǎngqiān èrbǎi èrshí'èr**」なので、④が正解です。①は「2022　liǎngqiān líng èrshí'èr」、②は「2200　liǎngqiān èr」、③は「2002　liǎngqiān líng èr」と読んでいます。
※ 十の位のshí は shi と軽声で発音される場合が多い。

〔狙い〕リスニング3では、掲載された日本語と一致するものを、4つの音声の中から選ぶ問題が出題されます。この問題は、数や時間に関するものがほとんどです。

合格のための攻略ポイント！

数字に関する問題は、以下の7ジャンルに分類されます。

1. 数の数え方
2. 曜日・日にちの表現
3. 時刻の表現
4. 時間の表現
5. 値段の表現
6. 年齢の表現
7. 簡単な量詞の使い方

では、それぞれについて、見ていきましょう。

1. 数の数え方

数字の読み方は日常生活でよく使われます。中国語独特の表現もあり一見難しそうですが、法則性があるので、それを覚えてしまえば簡単です。数字表現が聞き取れるようにしっかり学びましょう。

1. 数の数え方 🅒 B-51

líng	yī	èr	sān	sì	wǔ	liù	qī	bā	jiǔ	shí	èrshiyī	jiǔshijiǔ
0	1	2	3	4	5	6	7	8	9	10	21	99
零	一	二	三	四	五	六	七	八	九	十	二十一	九十九

🅒 B-52　※（ ）のある数字は2通りの読み方をしています。

yìbǎi	yìqiān	yíwàn	yíyì	yìbǎi líng yī	yìbǎi yī(shí)
100	1000	10000	1億	101	110
一百	一千	一万	一亿	一百零一	一百一（十）

yìbǎi líng wǔ	yìbǎi wǔ(shí)
105	150
一百零五	一百五（十）

liǎngwàn wǔ(qiān)	liǎngwàn líng wǔ
25000	20005
两万五千	两万零五

liǎngwàn líng wǔshí	liǎngwàn líng wǔbǎi
20050	20500
两万零五十	两万零五百

2.「一（yī）」の変調

「一（yī）」の後に第一声、第二声、第三声が来る場合、「一（yī）」は第四声「yì」に変わり、後に第四声が続く場合は第二声「yí」に変わります。

🅒 B-53

① 一天　yì tiān（1日）　　② 一张　yì zhāng（1枚）
③ 一年　yì nián（1年）　　④ 一元　yì yuán（1元）
⑤ 一本　yì běn（1冊）　　⑥ 一起　yìqǐ（一緒に）
⑦ 一共　yígòng（全部で）　⑧ 一块　yí kuài（1元…話し言葉）

3桁以上の数字で、「一」を「yāo」と読むことがあります。
例：「101（yāo líng yāo）」、
　　「501号房间（wǔ líng yāo hào fángjiān…501号室）」

3.「0」の読み方

「两万零五（20005）」のように、0が2つ以上続く場合、「零（líng）」は一度しか読みません。

西暦何年、部屋番号、電話番号などの桁数が多い場合は、数字を1つずつ読みます。 CD B-54
　① 「2008 年」"**2008 年　èr líng líng bā nián**"
　② 「1006 号室」"**1006 号房间　yāo líng líng liù hào fángjiān**"
　③ 「09030034005」"**09030034005　líng jiǔ líng sān líng líng sān sì líng líng wǔ**"

4.「二 (èr)」「两 (liǎng)」の使い分け

数字の「2」を表す表現には、「二」と「两」の二種類があります。

二桁以上の数の末尾となる場合、「十」の前に来る場合、順序を表す場合は「二」を使います。

　例：二、十二、二十、二月、第二

量詞を伴う場合は、「两」を使います。 CD B-55
　① **两个星期**　liǎng ge xīngqī（2 週間）
　② **两本书**　liǎng běn shū（2 冊の本）
　③ **两张地图**　liǎng zhāng dìtú（2 枚の地図）

2. 曜日・日にちの表現

1. 年月日の言い方

「1日」「2日」など「〜日」という場合、「**一号（yī hào）**」、「**二号（èr hào）**」のように「**号（hào）**」を用いるのが一般的です。「**一日（yī rì）**」、「**二日（èr rì）**」という言い方もありますが、「**一号**」、「**二号**」の方がより口語的です。 CD B-56
　① èr líng líng bā nián bāyuè bā hào
　　 二〇〇八年八月八号（2008 年 8 月 8 日）
　② èr líng yī líng nián jiǔyuè qī rì
　　 二〇一〇年九月七日（2010 年 9 月 7 日）

「2010 年」という場合は、「**二〇一〇年（èr líng yī líng nián）**」のように数字を1つずつ読みます。

2. 月の言い方 CD B-57

➡ yīyuè　　　　èryuè　　　　sānyuè　　　　sìyuè
　一月（1月）　二月（2月）　三月（3月）　四月（4月）
　wǔyuè　　　　liùyuè　　　　qīyuè　　　　 bāyuè
　五月（5月）　六月（6月）　七月（7月）　八月（8月）
　jiǔyuè　　　　shíyuè　　　　shíyīyuè　　　shí'èryuè
　九月（9月）　十月（10月）　十一月（11月）　十二月（12月）

3. 日にちの言い方　CD B-58

➡ yī hào　　　　　　shísān hào　　　　　shísì hào
一号（1日）　　　十三号（13日）　　　十四号（14日）

shíwǔ hào　　　　　shíliù hào　　　　　shíqī hào
十五号（15日）　　 十六号（16日）　　 十七号（17日）

shíbā hào　　　　　 shíjiǔ hào　　　　　èrshí hào
十八号（18日）　　 十九号（19日）　　 二十号（20日）

èrshíyī hào　　　　 èrshí'èr hào　　　　èrshísān hào
二十一号（21日）　 二十二号（22日）　 二十三号（23日）

èrshísì hào　　　　 èrshíwǔ hào　　　　èrshíliù hào
二十四号（24日）　 二十五号（25日）　 二十六号（26日）

èrshíqī hào　　　　 èrshíbā hào　　　　 èrshíjiǔ hào
二十七号（27日）　 二十八号（28日）　 二十九号（29日）

sānshí hào　　　　　sānshíyī hào
三十号（30日）　　 三十一号（31日）

4. 曜日の言い方

中国語の曜日の言い方には、「星期（xīngqī）」、「礼拜（lǐbài）」、「周（zhōu）」の3種類があります。「星期」が最も一般的ですが、「礼拜」や「周」もよく使われます。3つの言い方を一緒に覚えましょう。　CD B-59

日本語	中国語		
月曜日	xīngqīyī 星期一	lǐbàiyī 礼拜一	zhōuyī 周一
火曜日	xīngqī'èr 星期二	lǐbài'èr 礼拜二	zhōu'èr 周二
水曜日	xīngqīsān 星期三	lǐbàisān 礼拜三	zhōusān 周三
木曜日	xīngqīsì 星期四	lǐbàisì 礼拜四	zhōusì 周四
金曜日	xīngqīwǔ 星期五	lǐbàiwǔ 礼拜五	zhōuwǔ 周五
土曜日	xīngqīliù 星期六	lǐbàiliù 礼拜六	zhōuliù 周六
日曜日	xīngqīrì(tiān) 星期日（天）	lǐbàirì(tiān) 礼拜日（天）	zhōurì 周日
何曜日	xīngqī jǐ 星期几	lǐbài jǐ 礼拜几	zhōu jǐ 周几

3. 時刻の表現

1. 時刻表現のポイント

(1) 「3時」「6時」などの時刻は、「**三点钟**（sān diǎnzhōng）」、「**六点钟**（liù diǎnzhōng）」と言いますが、日常会話では普通「**钟**」を省略します。

(2) 「2時」は「**二点**（èr diǎn）」ではなく、「**两点**（liǎng diǎn）」と言います。

(3) 「5時5分」は「**五点五分**（wǔ diǎn wǔ fēn）」でもかまいませんが、「**五点**」と「**五分**」の間に「**零**（líng）」を入れるのが一般的です。「**零**」の代わりに「**过**（guò）」を使うこともあります。つまり、「5時5分」は中国語では3種類の表現方法があるのです。

(4) 「5時15分」は「**五点十五分**（wǔ diǎn shíwǔ fēn）」と言いますが、「**五点一刻**（wǔ diǎn yí kè）」とも言います。「**一刻**」は「**15分**」という意味で、「**45分**」は「**三刻**」と言います。

(5) 「6時5分前」と「5時55分」は同じ時刻を指しますが、前者の中国語での言い方は「**差五分六点**（chà wǔ fēn liù diǎn）」です。「**差**」は「欠ける、足りない」という意味で、「**差五分六点**」を日本語に直訳すると「あと5分で6時になる」になります。

以上の各項目に留意して、時刻表現を覚えましょう。

2. 時刻の言い方　CD B-60

何時何分	**几点几分**	jǐ diǎn jǐ fēn
5時5分	**五点五分**	wǔ diǎn wǔ fēn
	五点零五分	wǔ diǎn líng wǔ fēn
	五点过五分	wǔ diǎn guò wǔ fēn
5時15分	**五点十五分**	wǔ diǎn shíwǔ fēn
	五点一刻	wǔ diǎn yí kè
5時30分	**五点三十分**	wǔ diǎn sānshí fēn
	五点半	wǔ diǎn bàn
5時45分	**五点四十五分**	wǔ diǎn sìshíwǔ fēn
	五点三刻	wǔ diǎn sān kè
5時55分	**五点五十五分**	wǔ diǎn wǔshíwǔ fēn
	差五分六点	chà wǔ fēn liù diǎn

4. 時間の表現

「時刻」は瞬間的な一点を指しますが、「時間」は時の長さを表します。日

本語の「1時間」「2時間」の「時間」は、中国語で「**小时**（xiǎoshí）」と言います。「**小时**」の代わりに「**钟头**（zhōngtóu）」を使うこともあります。日本語にない表現として、「**一刻钟**（yí kèzhōng）（15分間）」と「**三刻钟**（sān kèzhōng）（45分間）」があります。

また、「1時間半」という場合、中国語の語順に注意しましょう。つい日本語のように「**一个小时半**」と言いがちですが、これは間違いで、正しくは「**一个半小时**」となります。

🅒 CD B-61

何時間	几个小时	jǐ ge xiǎoshí
1時間	一个小时	yí ge xiǎoshí
1時間半	一个半小时	yí ge bàn xiǎoshí
何分間	几分钟	jǐ fēnzhōng
5分間	五分钟	wǔ fēnzhōng
15分間	十五分钟	shíwǔ fēnzhōng
	一刻钟	yí kèzhōng
30分間	半个小时	bàn ge xiǎoshí
	三十分钟	sānshí fēnzhōng
45分間	四十五分钟	sìshíwǔ fēnzhōng
	三刻钟	sān kèzhōng
1日	一天	yì tiān
2週間	两个星期	liǎng ge xīngqī
	两个礼拜	liǎng ge lǐbài
	两周	liǎng zhōu
3カ月間	三个月	sān ge yuè
4年間	四年	sì nián

5. 値段の表現

中国の通貨は「**人民币**（Rénmínbì）」と呼ばれ、「**元**（yuán）」、「**角**（jiǎo）」、「**分**（fēn）」の3つの単位があり、「**1元**」が日本の約13円（2009年3月現在）に相当します。

10角は1元、10分は1角です。貨幣には「**圆**（yuán）（圓）」、「**角**（角）」、「**分**（分）」が使用されていますが、日常生活では、「**圆**」の代わりに「**元**」が使用されています。話し言葉では、「**元**」にあたる「**块**（kuài）」と、「**角**」にあたる「**毛**（máo）」が使われます。

🅒 CD B-62
100块（**钱**） yìbǎi kuài(qián) （100元）
50元 wǔshí yuán （50元）

10块	shí kuài	（10元）
5块5毛	wǔ kuài wǔ máo	（5.5元）
1块2毛	yí kuài èr máo	（1.2元）
5毛	wǔ máo	（0.5元）
2角	liǎng jiǎo	（0.2元）
5分	wǔ fēn	（0.05元）

6. 年齢の表現

中国語で年齢を尋ねる場合、相手の年齢によって尋ね方が異なります。きちんと覚えて使い分けましょう。

CD B-63

1. 年輩者や目上の人の年齢を尋ねる

A: 您多大年纪了？　Nín duō dà niánjì le?　　お歳はおいくつですか。
B: 我八十三岁了。　Wǒ bāshísān suì le.　　わたしは83歳です。
A: 您多大岁数了？　Nín duō dà suìshu le?　　お歳はおいくつですか。
B: 七十四岁。　Qīshísì suì.　　74歳です。

2. 同年代や年下の人の年齢を尋ねる

A: 你多大了？　Nǐ duō dà le?　　あなたは何歳ですか。
B: 十八岁。　Shíbā suì.　　18歳です。

3. 子どもの年齢を尋ねる

A: 你几岁了？　Nǐ jǐ suì le?　　君は何歳ですか。
B: 五岁。　Wǔ suì.　　5歳です。

7. 簡単な量詞の使い方

1. ものを数える

中国語でものを数える場合、[数詞＋量詞＋名詞]の順に並べます。名詞の前に置かれる量詞は「名量詞」とも呼ばれます。
（※　第2部筆記3で詳しく解説します）

よく使う量詞　CD B-64

一杯茶　yì bēi chá　　　1杯のお茶（**杯**：カップに入ったもの）
两碗汤　liǎng wǎn tāng　　2杯のスープ（**碗**：碗に入ったもの）
三瓶水　sān píng shuǐ　　3本の水（**瓶**：瓶に入ったもの）
四盘菜　sì pán cài　　　4皿の料理（**盘**：皿に盛ったもの）

五条裤子	wǔ tiáo kùzi	5本のズボン（**条**：細長いもの）
六张地图	liù zhāng dìtú	6枚の地図
		（**张**：平たい物や平面を持つもの）
七本书	qī běn shū	7冊の本（**本**：書籍など）
八枝笔	bā zhī bǐ	8本のペン（**枝**：棒状の短いもの）
九只羊	jiǔ zhī yáng	9頭の羊（**只**：動物）
十件衬衫	shí jiàn chènshān	10枚のワイシャツ
		（**件**：①上着類、②用件）

🎵 CD B-65

一把椅子	yì bǎ yǐzi	1脚の椅子（**把**：取っ手のあるもの）
两位老师	liǎng wèi lǎoshī	2人の先生（**位**：人、敬意を込める場合）
三口人	sān kǒu rén	3人家族（**口**：①家族、②豚）
四个学生	sì ge xuésheng	4人の学生
		（**个**：①人、②専用の量詞を持たないもの）
五双鞋	wǔ shuāng xié	5足の靴（**双**：対やペアをなすもの）
六节课	liù jié kè	6コマの授業（**节**：授業）
七辆车	qī liàng chē	7台の車（**辆**：車）
八封信	bā fēng xìn	8通の手紙（**封**：封書など）
九号房间	jiǔ hào fángjiān	9号室（**号**：順序）
十块钱	shí kuài qián	10元のお金
		（**块**：①通貨単位、②塊状のもの）

🎵 CD B-66

一家商店	yì jiā shāngdiàn	1軒の商店（**家**：店など）
两根油条	liǎng gēn yóutiáo	2本の揚げパン（**根**：細長くて短いもの）
三棵树	sān kē shù	3本の木（**棵**：木や草など）
四种茶	sì zhǒng chá	4種類のお茶（**种**：種類）

2. 動作を数える（動量詞）

動作の回数を数えるときには［動詞＋数詞＋量詞］の順に並べます。この場合に使われる量詞は「動量詞」とも呼ばれます。
（※　第2部筆記3で詳しく解説します）

🎵 CD B-67

去过一次	qùguo yí cì	1度行ったことがある（**次**：動作の回数）
看了两回	kànle liǎng huí	2回見た（**回**：動作の回数）
念了三遍	niànle sān biàn	3度読んだ（**遍**：動作の回数）

練習ドリル 3-1

1回目	2回目	3回目	31〜40点 その調子で！
/40	/40	/40	21〜30点 もう少し！ 0〜20点 がんばろう！

CD C-1〜4

1. 数字・曜日・時刻・時間の練習

次の語句を中国語で言い表す場合、最も適当なものを選び、その番号を解答欄にマークしなさい。

A (1)：14　　① ②
　(2)：11　　① ②
　(3)：12　　① ②
　(4)：110　　① ②
　(5)：101　　① ②
　(6)：150　　① ②
　(7)：2800　　① ②
　(8)：25000　　① ②
　(9)：121　　① ②
　(10)：77　　① ②

B (1)：月曜日　　① ②
　(2)：水曜日　　① ②
　(3)：木曜日　　① ②
　(4)：日曜日と木曜日　　① ②
　(5)：来週の日曜日　　① ②
　(6)：月曜日から水曜日まで　　① ②
　(7)：日曜日の午前　　① ②
　(8)：先週の水曜日　　① ②
　(9)：土曜日の夜　　① ②
　(10)：月曜日の朝　　① ②

C (1)：5時05分　　① ②
　(2)：6時10分　　① ②
　(3)：7時15分　　① ②
　(4)：7時半　　① ②
　(5)：9時45分　　① ②
　(6)：2時半　　① ②
　(7)：10時5分前　　① ②
　(8)：11時30分　　① ②
　(9)：8時03分　　① ②
　(10)：12時　　① ②

D (1)：5分間　　① ②
　(2)：15分間　　① ②
　(3)：45分間　　① ②
　(4)：2時間　　① ②
　(5)：2時間半　　① ②
　(6)：30分間　　① ②
　(7)：3日間　　① ②
　(8)：4ヵ月間　　① ②
　(9)：5週間　　① ②
　(10)：1時間半　　① ②

練習ドリル 3-2

1回目	2回目	3回目	25〜30点 その調子で！
/30	/30	/30	16〜24点 もう少し！
			0〜15点 がんばろう！

CD C-5~7

2. 値段・年齢・量詞の練習

次の語句を中国語で言い表す場合、最も適当なものを選び、その番号を解答欄にマークしなさい。

A (1)：7元　　　　① ②
　(2)：10元　　　 ① ②
　(3)：3元　　　　① ②
　(4)：110元　　　① ②
　(5)：2元　　　　① ②
　(6)：12元　　　 ① ②
　(7)：0.5元　　　① ②
　(8)：10.5元　　 ① ②
　(9)：1500元　　 ① ②
　(10)：105元　　 ① ②

B (1)：4歳　　　　① ②
　(2)：11歳　　　 ① ②
　(3)：20歳　　　 ① ②
　(4)：22歳　　　 ① ②
　(5)：55歳　　　 ① ②
　(6)：77歳　　　 ① ②
　(7)：10歳　　　 ① ②
　(8)：2歳　　　　① ②
　(9)：13歳　　　 ① ②
　(10)：44歳　　　① ②

C (1)：1杯のコーヒー　　① ②
　(2)：2本の鉛筆　　　　① ②
　(3)：2度目　　　　　　① ②
　(4)：1脚の椅子　　　　① ②
　(5)：2冊の本　　　　　① ②
　(6)：3人家族　　　　　① ②
　(7)：2枚の紙　　　　　① ②
　(8)：1枚のセーター　　① ②
　(9)：2本のズボン　　　① ②
　(10)：1本のビール　　　① ②

模擬テスト 3 解答用紙

点数 ／60

46〜60点　その調子で！
31〜45点　もう少し！
0〜30点　がんばろう！

CD C-8〜19

次の語句を中国語で言い表す場合、最も適当なものを①〜④の中から1つ選び、その番号を解答欄にマークしなさい。

A　(1)：110　① ② ③ ④
C-8　(2)：2505　① ② ③ ④
　　(3)：15000　① ② ③ ④
　　(4)：水曜日　① ② ③ ④
　　(5)：2時　① ② ③ ④

B　(1)：11時半　① ② ③ ④
C-9　(2)：5分間　① ② ③ ④
　　(3)：2週間　① ② ③ ④
　　(4)：何曜日　① ② ③ ④
　　(5)：32歳　① ② ③ ④

C　(1)：何歳　① ② ③ ④
C-10　(2)：何冊　① ② ③ ④
　　(3)：7時15分　① ② ③ ④
　　(4)：2枚の紙　① ② ③ ④
　　(5)：木曜日の午後　① ② ③ ④

D　(1)：2008年　① ② ③ ④
C-11　(2)：7月1日　① ② ③ ④
　　(3)：40元　① ② ③ ④
　　(4)：月、水、金　① ② ③ ④
　　(5)：3度目　① ② ③ ④

E　(1)：10日　① ② ③ ④
C-12　(2)：先週の月曜日　① ② ③ ④
　　(3)：日曜日　① ② ③ ④
　　(4)：8時45分　① ② ③ ④
　　(5)：11時5分前　① ② ③ ④

F　(1)：1脚の椅子　① ② ③ ④
C-13　(2)：4人家族　① ② ③ ④
　　(3)：2カ月　① ② ③ ④
　　(4)：月曜日から金曜日まで　① ② ③ ④
　　(5)：20.3元　① ② ③ ④

G　(1)：5角　① ② ③ ④
C-14　(2)：1人の姉と1人の兄　① ② ③ ④
　　(3)：1100　① ② ③ ④
　　(4)：2010年　① ② ③ ④
　　(5)：30分間　① ② ③ ④

H　(1)：1冊の雑誌　① ② ③ ④
C-15　(2)：日曜日の昼間　① ② ③ ④
　　(3)：来週の木曜日　① ② ③ ④
　　(4)：2コマの授業　① ② ③ ④
　　(5)：4月10日　① ② ③ ④

I　(1)：来週土曜日の午後　① ② ③ ④
C-16　(2)：1本の鉛筆　① ② ③ ④
　　(3)：205号室　① ② ③ ④
　　(4)：昨日の8時半　① ② ③ ④
　　(5)：4時間　① ② ③ ④

J　(1)：4脚の机　① ② ③ ④
C-17　(2)：2日目　① ② ③ ④
　　(3)：3月11日　① ② ③ ④
　　(4)：朝8時　① ② ③ ④
　　(5)：101号室　① ② ③ ④

K　(1)：2日間　① ② ③ ④
C-18　(2)：2本の傘　① ② ③ ④
　　(3)：初めて　① ② ③ ④
　　(4)：1週間　① ② ③ ④
　　(5)：1枚の地図　① ② ③ ④

L　(1)：4〜5歳　① ② ③ ④
C-19　(2)：10日間　① ② ③ ④
　　(3)：55年　① ② ③ ④
　　(4)：1人の子供　① ② ③ ④
　　(5)：4年間　① ② ③ ④

練習ドリル 3-1 解答と解説

※白ヌキ数字のものが正解です。

A (1) 14　① sìshí（40）
　　　　　❷ **shísì**（14）

(2) 11　① shíqī（17）
　　　　❷ **shíyī**（11）

(3) 12　❶ **shí'èr**（12）
　　　　② èrshí'èr（22）

(4) 110　① yìbǎi yīshíyī（111）
　　　　　❷ **yìbǎi yīshí**（110）

(5) 101　❶ **yìbǎi líng yī**（101）
　　　　　② yìbǎi yīshí（110）

(6) 150　① yìbǎi líng wǔ（105）
　　　　　❷ **yìbǎi wǔshí**（150）

(7) 2800　❶ **liǎngqiān bā**（2800）
　　　　　② liǎngqiān líng bā（2008）

(8) 25000　① liǎngwàn líng wǔbǎi（20500）
　　　　　　❷ **liǎngwàn wǔqiān**（25000）

(9) 121　① yìbǎi èrshí yì（120億）
　　　　　❷ **yìbǎi èrshíyī**（121）

(10) 77　① sìshíqī（47）
　　　　　❷ **qīshíqī**（77）

B (1) 月曜日　① xīngqī jǐ（星期几…何曜日）
　　　　　　　❷ **xīngqīyī**（星期一）

(2) 水曜日　① xīngqītiān（星期天…日曜日）
　　　　　　❷ **lǐbàisān**（礼拜三）

(3) 木曜日　① xīngqīrì（星期日…日曜日）
　　　　　　❷ **zhōusì**（周四）

(4) 日曜日と木曜日　① xīngqīrì hé xīngqīsān（星期日和星期三…日曜日と水曜日）
　　　　　　　　　❷ **xīngqīrì hé xīngqīsì**（星期日和星期四）

(5) 来週の日曜日　① xiàzhōu xīngqīyī（下周星期一…来週の月曜日）
　　　　　　　　❷ **xiàzhōu xīngqīrì**（下周星期日）

(6)	月曜日から水曜日まで	❶ cóng zhōuyī dào zhōusān（从周一到周三）
		② cóng xīngqīyī dào xīngqītiān（从星期一到星期天…月曜日から日曜日まで）
(7)	日曜日の午前	① xīngqīsì shàngwǔ（星期四上午…木曜日の午前）
		❷ xīngqīrì shàngwǔ（星期日上午）
(8)	先週の水曜日	❶ shàng ge xīngqīsān（上个星期三）
		② shàng ge xīngqītiān（上个星期天…先週の日曜日）
(9)	土曜日の夜	① xīngqīliù zǎoshang（星期六早上…土曜日の朝）
		❷ xīngqīliù wǎnshang（星期六晚上）
(10)	月曜日の朝	① lǐbàirì zǎoshang（礼拜日早上…日曜日の朝）
		❷ xīngqīyī zǎoshang（星期一早上）

C
(1) 5時05分　❶ wǔ diǎn líng wǔ fēn（五点零五分）
　　　　　　② wǔ diǎn shíwǔ fēn（五点十五分…5時15分）
(2) 6時10分　❶ liù diǎn shí fēn（六点十分）
　　　　　　② liù diǎn sì fēn（六点四分…6時04分）
(3) 7時15分　❶ qī diǎn yí kè（七点一刻）
　　　　　　② qī diǎn wǔ fēn（七点五分…7時05分）
(4) 7時半　　❶ qī diǎn sānshí fēn（七点三十分）
　　　　　　② shíyī diǎn bàn（十一点半…11時半）
(5) 9時45分　① jiǔ diǎn shíwǔ fēn（九点十五分…9時15分）
　　　　　　❷ jiǔ diǎn sān kè（九点三刻）
(6) 2時半　　① shí'èr diǎn bàn（十二点半…12時半）
　　　　　　❷ liǎng diǎn bàn（两点半）
(7) 10時5分前　① shí diǎn wǔ fēn（十点五分…10時5分）
　　　　　　❷ chà wǔ fēn shí diǎn（差五分十点）
(8) 11時30分　① jǐ diǎn sānshí fēn（几点三十分…何時半）
　　　　　　❷ shíyī diǎn bàn（十一点半）
(9) 8時03分　❶ bā diǎn guò sān fēn（八点过三分）
　　　　　　② bā diǎn shísān fēn（八点十三分…8時13分）
(10) 12時　　❶ shí'èr diǎn（十二点）
　　　　　　② shí'èr tiān（十二天…12日）

D (1)	5分間	① wǔ fēn（五分…5分）
		❷ wǔ fēnzhōng（五分钟）
(2)	15分間	❶ yí kèzhōng（一刻钟）
		② wǔ fēnzhōng（五分钟…5分間）
(3)	45分間	① shíwǔ fēn（十五分…15分）
		❷ sān kèzhōng（三刻钟）
(4)	2時間	❶ liǎng ge xiǎoshí（两个小时）
		② liǎng diǎn（两点…2時）
(5)	2時間半	① liǎng diǎn bàn（两点半…2時半）
		❷ liǎng ge bàn zhōngtóu（两个半钟头）
(6)	30分間	❶ bàn ge xiǎoshí（半个小时）
		② sānshí fēn（三十分…30分）
(7)	3日間	① sān hào（三号…3日）
		❷ sān tiān（三天）
(8)	4ヵ月間	❶ sì ge yuè（四个月）
		② sìyuè（四月…4月）
(9)	5週間	① xīngqī wǔ（星期五…金曜日）
		❷ wǔ ge xīngqī（五个星期）
(10)	1時間半	❶ yí ge xiǎoshí sānshí fēn（一个小时三十分）
		② yì diǎn bàn（一点半…1時半）

練習ドリル 3-2 解答

※白ヌキ数字のものが正解です。

A
(1)	7元	① shíqī kuài（十七块…17元）	❷ qī kuài（七块）
(2)	10元	❶ shí kuài（十块）	② sì kuài（四块…4元）
(3)	3元	❶ sān kuài（三块）	② sān kuài sān（三块三…3.3元）
(4)	110元	❶ yìbǎi yīshí kuài（一百一十块）	② yìbǎi líng yī kuài（一百零一块…101元）
(5)	2元	① èrshí kuài（二十块…20元）	❷ liǎng kuài（两块）
(6)	12元	① yí kuài èr（一块二…1.2元）	❷ shí'èr kuài（十二块）
(7)	0.5元	❶ wǔ máo（五毛）	② wǔ kuài（五块…5元）
(8)	10.5元	① shí kuài líng wǔ fēn（十块零五分…10元5分）	❷ shí kuài wǔ（十块五）
(9)	1500元	① yìqiān wǔbǎi（一千五百…1500）	❷ yìqiān wǔbǎi kuài（一千五百块）
(10)	105元	❶ yìbǎi líng wǔ kuài（一百零五块）	② yìbǎi wǔshí kuài（一百五十块…150元）

B
(1)	4歳	❶ sì suì（四岁）	② shí suì（十岁…10歳）
(2)	11歳	① shíqī suì（十七岁…17歳）	❷ shíyī suì（十一岁）
(3)	20歳	① èrshísì suì（二十四岁…24歳）	❷ èrshí suì（二十岁）
(4)	22歳	❶ èrshí'èr suì（二十二岁）	② èrshí'èr nián（二十二年…22年間）
(5)	55歳	① wǔwǔ nián（五五年…55年）	❷ wǔshíwǔ suì（五十五岁）
(6)	77歳	❶ qīshíqī suì（七十七岁）	② qīshíyī suì（七十一岁…71歳）
(7)	10歳	① shí huí（十回…10回）	❷ shí suì（十岁）
(8)	2歳	① èrshí suì（二十岁…20歳）	❷ liǎng suì（两岁）
(9)	13歳	① shísān tiān（十三天…13日間）	❷ shísān suì（十三岁）
(10)	44歳	① sìshí suì（四十岁…40歳）	❷ sìshísì suì（四十四岁）

C
(1)	1杯のコーヒー	① yì bāo kāfēi（一包咖啡…1包みのコーヒー）	❷ yì bēi kāfēi（一杯咖啡）
(2)	2本の鉛筆	❶ liǎng zhī qiānbǐ（两枝铅笔）	② liǎng zhī gāngbǐ（两枝钢笔…2本の万年筆）
(3)	2度目	① liǎng cì（两次…2回）	❷ dì èr cì（第二次）
(4)	1脚の椅子	① yì zhāng zhuōzi（一张桌子…1脚の机）	❷ yì bǎ yǐzi（一把椅子）
(5)	2冊の本	❶ liǎng běn shū（两本书）	② liǎng zhāng chuáng（两张床…2台のベッド）
(6)	3人家族	① sān ge rén（三个人…3人）	❷ sān kǒu rén（三口人）
(7)	2枚の紙	① liǎng jiàn shì（两件事…2件の用事）	❷ liǎng zhāng zhǐ（两张纸）
(8)	1枚のセーター	❶ yí jiàn máoyī（一件毛衣）	② yì tiáo kùzi（一条裤子…1本のズボン）
(9)	2本のズボン	❶ liǎng tiáo kùzi（两条裤子）	② liǎng zhī tùzi（两只兔子…2羽のウサギ）
(10)	1本のビール	① yì bēi píjiǔ（一杯啤酒…1杯のビール）	❷ yì píng píjiǔ（一瓶啤酒）

模擬テスト3 解答と解説

A (1) 110
- ① yìbǎi líng yī (一百零一…101)
- ❷ **yìbǎi yī** (一百一)
- ③ yìbǎi yì (一百亿…100億)
- ④ yìbǎi yīshíyī (一百一十一…111)

(2) 2505
- ① liǎngqiān wǔbǎi (两千五百…2500)
- ❷ **liǎngqiān wǔbǎi líng wǔ** (两千五百零五)
- ③ liǎngqiān líng wǔ (两千零五…2005)
- ④ liǎngqiān líng wǔshí (两千零五十…2050)

(3) 15000
- ❶ **yíwàn wǔ** (一万五)
- ② yíwàn líng wǔ (一万零五…10005)
- ③ yíwàn líng wǔshí (一万零五十…10050)
- ④ yíwàn líng wǔbǎi (一万零五百…10500)

(4) 水曜日
- ❶ **xīngqīsān** (星期三)
- ② sān ge xīngqī (三个星期…3週間)
- ③ sān ge yuè (三个月…3か月)
- ④ sān nián (三年…3年)

(5) 2時
- ① liǎng tiān (两天…2日間)
- ❷ **liǎng diǎn** (两点)
- ③ liǎng nián (两年…2年)
- ④ liǎng jiān (两间…2部屋)

B (1) 11時半
- ① yì tiān bàn (一天半…1日半)
- ② yì diǎn bàn (一点半…1時半)
- ❸ **shíyī diǎn bàn** (十一点半)
- ④ shí diǎn bàn (十点半…10時半)

(2) 5分間
- ① wǔ diǎn zhōng (五点钟…5時)
- ❷ **wǔ fēnzhōng** (五分钟)
- ③ wǔ zhǒng (五种…5種類)
- ④ wǔ diǎn zhěng (五点整…5時ちょうど)

(3) 2 週間	① xīngqī'èr（星期二…火曜日）	
	❷ **liǎng ge xīngqī**（两个星期）	
	③ xīngqī jǐ（星期几…何曜日）	
	④ shàng ge xīngqī（上个星期…先週）	
(4) 何曜日	❶ **lǐbài jǐ**（礼拜几）	
	② lǐbàiyī（礼拜一…月曜日）	
	③ xīngqīsì（星期四…木曜日）	
	④ qīshíqī（七十七…77）	
(5) 32 歳	① èrshí'èr suì（二十二岁…22 歳）	
	② Nǐ zhǎo shuí? ※（你找谁?…誰をお訪ねですか？）	
	❸ **sānshí'èr suì**（三十二岁）	
	④ Tā shì shuí? ※（他是谁?…彼は誰？）※谁は shéi とも読む。	
C (1) 何歳	① qī suì（七岁…7 歳）	
	❷ **jǐ suì**（几岁）	
	③ yí suì（一岁…1 歳）	
	④ jǐ huí（几回…何回）	
(2) 何冊	① jǐ bēi（几杯…何杯）	
	② qī bēi（七杯…7 杯）	
	❸ **jǐ běn**（几本）	
	④ qī běn（七本…7 冊）	
(3) 7 時 15 分	① qī diǎn shí fēn（七点十分…7 時 10 分）	
	② qī diǎn wǔ fēn（七点五分…7 時 05 分）	
	❸ **qī diǎn shíwǔ fēn**（七点十五分）	
	④ yì diǎn shíwǔ fēn（一点十五分…1 時 15 分）	
(4) 2 枚の紙	① liǎng běn shū（两本书…2 冊の本）	
	② liǎng zhī qiānbǐ（两枝铅笔…2 本の鉛筆）	
	③ liǎng zhāng zhuōzi（两张桌子…2 脚のつくえ）	
	❹ **liǎng zhāng zhǐ**（两张纸）	
(5) 木曜日の午後	① xīngqīsì shàngwǔ（星期四上午…木曜日の午前）	
	② xīngqīrì shàngwǔ（星期日上午…日曜日の午前）	
	❸ **xīngqīsì xiàwǔ**（星期四下午）	
	④ xīngqīrì xiàwǔ（星期日下午…日曜日の午後）	

D (1) 2008 年　　① èr líng liù bā nián（二〇六八年…2068 年）

❷ **èr líng líng bā nián**（二〇〇八年）

③ èr liù líng bā nián（二六〇八年…2608 年）

④ èr liù liù bā nián（二六六八年…2668 年）

(2) 7 月 1 日　　① qīyuè qī rì（七月七日…7 月 7 日）

② qīyuè shíyī rì（七月十一日…7 月 11 日）

❸ **qīyuè yī rì**（七月一日）

④ qīyuè shíqī rì（七月十七日…7 月 17 日）

(3) 40 元　　① shísì kuài（十四块…14 元）

② sìshísì kuài（四十四块…44 元）

③ shì sì kuài（是四块…4 元です）

❹ **sìshí kuài**（四十块）

(4) 月、水、金　　❶ **xīngqīyī、sān、wǔ**（星期一、三、五）

② xīngqīrì shàngwǔ（星期日上午…日曜日の午前）

③ xīngqīyī、sì、wǔ（星期一、四、五…月、木、金）

④ xīngqīrì xiàwǔ（星期日下午…日曜日の午後）

(5) 3 度目　　① sānshí（三十…30）

② sān cì（三次…3 回）

❸ **dì sān cì**（第三次）

④ sānshísì（三十四…34）

E (1) 10 日　　① sì hào（四号…4 日）

② shísì hào（十四号…14 日）

❸ **shí hào**（十号）

④ sìshí hào（四十号…40 番）

(2) 先週の月曜日　　① sān gē xīngqī（三个星期…3 週間）

② shàng ge xīngqī（上个星期…先週）

③ shàng ge xīngqī jǐ（上个星期几…先週の何曜日）

❹ **shàng ge xīngqīyī**（上个星期一）

(3) 日曜日　　❶ **xīngqītiān**（星期天）

② xīngqīsì（星期四…木曜日）

③ lǐbàisān（礼拜三…水曜日）

④ shíqīrì（十七日…17 日）

(4) 8時45分		❶ **chà yí kè jiǔ diǎn**（差一刻九点）
		② bā diǎn sìshí fēn（八点四十分…8：40）
		③ bā diǎn shíwǔ fēn（八点十五分…8：15）
		④ bā diǎn sānshíwǔ fēn（八点三十五分…8：35）
(5) 11時5分前		① shíyī diǎn wǔ fēn（十一点五分…11：05）
		❷ **shí diǎn wǔshíwǔ fēn**（十点五十五分）
		③ yì diǎn wǔ fēn（一点五分…1：05）
		④ yì diǎn shíwǔ fēn（一点十五分…1：15）
F (1) 1脚の椅子		① yí ge bēizi（一个杯子…1つのコップ）
		② yì zhāng zhuōzi（一张桌子…1脚のつくえ）
		③ yì tiáo kùzi（一条裤子…1本のズボン）
		❹ **yì bǎ yǐzi**（一把椅子）
(2) 4人家族		① sì ge rén（四个人…4人）
		❷ **sì kǒu rén**（四口人）
		③ sì wèi（四位…4名）
		④ shì nǎr rén（是哪儿人…どこの方ですか）
(3) 2カ月		① èryuè（二月…2月）
		② shí'èryuè（十二月…12月）
		③ liǎng ge xuésheng（两个学生…2人の学生）
		❹ **liǎng ge yuè**（两个月）
(4) 月曜日から金曜日まで		① cóng xīngqī jǐ dào xīngqī jǐ（从星期几到星期几…何曜日から何曜日まで）
		② cóng xīngqīyī dào xīngqīrì（从星期一到星期日…月曜日から日曜日まで）
		❸ **cóng xīngqīyī dào xīngqīwǔ**（从星期一到星期五）
		④ cóng xīngqīrì dào xīngqīwǔ（从星期日到星期五…日曜日から金曜日まで）
(5) 20.3元		① èrshí kuài（二十块…20元）
		❷ **èrshí kuài sān máo**（二十块三毛）
		③ èrshí'èr kuài sān máo（二十二块三毛…22.3元）
		④ shí'èr kuài sān máo（十二块三毛…12.3元）
G (1) 5角		① wǔ kuài（五块…5元）
		② wǔ fēn（五分…5分）
		❸ **wǔ máo**（五毛）
		④ wǔ nián（五年…5年）

(2)	1人の姉と1人の兄	① yí ge jiějie hé yí ge dìdi（一个姐姐和一个弟弟…1人の姉と1人の弟）
		② yí ge jiějie hé yí ge mèimei（一个姐姐和一个妹妹…1人の姉と1人の妹）
		❸ **yí ge jiějie hé yí ge gēge**（一个姐姐和一个哥哥）
		④ yí ge jiějie hé qīge gēge（一个姐姐和七个哥哥…1人の姉と7人の兄）
(3)	1100	① yìqiān（一千…1000）
		② yìqiān líng yī（一千零一…1001）
		❸ **yìqiān yī**（一千一）
		④ yìqiān yībǎi yīshí yī（一千一百一十一…1111）
(4)	2010年	① èr líng líng yī nián（二〇〇一年…2001年）
		② èr líng qī líng nián（二〇七〇年…2070年）
		❸ **èr líng yī líng nián**（二〇一〇年）
		④ liǎngqiān yīshí nián（两千一十年…2010年間）
(5)	30分間	① bàntiān（半天…半日）
		❷ **bàn ge xiǎoshí**（半个小时）
		③ bàn nián（半年…半年）
		④ sān sì fēnzhōng（三、四分钟…3、4分間）
H (1)	1冊の雑誌	① yí jiàn yīfu（一件衣服…1着の洋服）
		② yì zhāng dìtú（一张地图…1枚の地図）
		❸ **yì běn zázhì**（一本杂志）
		④ yì pán jiǎozi（一盘饺子…1皿の餃子）
(2)	日曜日の昼間	① lǐbàitiān wǎnshang（礼拜天晚上…日曜日の夜）
		② lǐbàisì zǎoshang（礼拜四早上…木曜日の朝）
		❸ **lǐbàitiān báitiān**（礼拜天白天）
		④ lǐbàitiān yìtiān（礼拜天一天…日曜日一日）
(3)	来週の木曜日	① xià zhōurì（下周日…来週の日曜日）
		❷ **xià zhōusì**（下周四）
		③ shàng zhōusì（上周四…先週の木曜日）
		④ shàng zhōurì（上周日…先週の日曜日）
(4)	2コマの授業	① èrjiě hē（二姐喝…2番目の姉が飲む）
		❷ **liǎng jié kè**（两节课）
		③ liǎng kè（两课…2つの授業）
		④ dì èr kè（第二课…第2課）

	(5) 4月10日	① shíyuè sì hào（十月四号…10月4日）
		② sìyuè sì hào（四月四号…4月4日）
		❸ **sìyuè shí hào**（四月十号）
		④ shíyuè shí hào（十月十号…10月10日）
I	(1) 来週土曜の午後	① xià ge lǐbàiliù shàngwǔ（下个礼拜六上午…来週土曜の午前）
		② zhè ge lǐbàiliù shàngwǔ（这个礼拜六上午…今週土曜の午前）
		③ shàng ge lǐbàiliù shàngwǔ（上个礼拜六上午…先週土曜の午前）
		❹ **xià ge lǐbàiliù xiàwǔ**（下个礼拜六下午）
	(2) 1本の鉛筆	① yì zhī gāngbǐ（一枝钢笔…1本の万年筆）
		② qī zhī qiānbǐ（七枝铅笔…7本の鉛筆）
		③ qī zhī gāngbǐ（七枝钢笔…7本の万年筆）
		❹ **yì zhī qiānbǐ**（一枝铅笔）
	(3) 205号室	① èrbǎi líng wǔ tiān（二百零五天…205日）
		❷ **èr líng wǔ hào fángjiān**（二〇五号房间）
		③ èrbǎi wǔshí tiān（二百五十天…250日）
		④ èr wǔ líng hào fángjiān（二五〇号房间…250号室）
	(4) 昨日の8時半	① jīntiān bā diǎn bàn（今天八点半…今日の8時半）
		② míngtiān bā diǎn bàn（明天八点半…明日の8時半）
		❸ **zuótiān bā diǎn bàn**（昨天八点半）
		④ qiántiān bā diǎn bàn（前天八点半…一昨日の8時半）
	(5) 4時間	① sì diǎn（四点…4時）
		② sì ge xīngqī（四个星期…4週間）
		③ sì nián（四年…4年間）
		❹ **sì ge zhōngtóu**（四个钟头）
J	(1) 4脚の机	① sì zhāng dìtú（四张地图…4枚の地図）
		② sì zhāng zhǐ（四张纸…4枚の紙）
		③ sì zhāng chuáng（四张床…4台のベッド）
		❹ **sì zhāng zhuōzi**（四张桌子）
	(2) 2日目	① dì èr ge（第二个…二つ目）
		② dì èr nián（第二年…二年目）
		③ dì èr cì（第二次…二度目）
		❹ **dì èr tiān**（第二天）

(3) 3月11日	① sānyuè shíqī rì（三月十七日…3月17日）	
	② sānyuè qī rì（三月七日…3月7日）	
	③ sānyuè yī rì（三月一日…3月1日）	
	❹ **sānyuè shíyī rì**（三月十一日）	
(4) 朝8時	① wǎnshang bā diǎn（晚上八点…夜8時）	
	❷ **zǎoshang bā diǎn**（早上八点）	
	③ měitiān bā diǎn（每天八点…毎日8時）	
	④ xīngqītiān bā diǎn（星期天八点…日曜日の8時）	
(5) 101号室	❶ **yāo líng yāo fángjiān**（101房间）	
	② yāo líng qī fángjiān（107房间…107号室）	
	③ yāo yāo qī fángjiān（117房间…117号室）	
	④ yāo yāo líng fángjiān（110房间…110号室）	
K (1) 2日間	① liǎng jiān（两间…2部屋）	
	② liǎng diǎn（两点…2時）	
	❸ **liǎng tiān**（两天）	
	④ liǎng nián（两年…2年間）	
(2) 2本の傘	① liǎng zhī qiānbǐ（两枝铅笔…2本の鉛筆）	
	② liǎng bǎ yǐzi（两把椅子…2脚の椅子）	
	❸ **liǎng bǎ sǎn**（两把伞）	
	④ liǎng zhī gāngbǐ（两枝钢笔…2本の万年筆）	
(3) 初めて	① shíyī cì（十一次…11回）	
	❷ **dì yī cì**（第一次）	
	③ dì qī cì（第七次…7度目）	
	④ qī cì（七次…7回）	
(4) 1週間	① qī ge xīngqī（七个星期…7週間）	
	② sì ge xīngqī（四个星期…4週間）	
	❸ **yí ge xīngqī**（一个星期）	
	④ shí ge xīngqī（十个星期…10週間）	
(5) 1枚の地図	① yì zhāng zhǐ（一张纸…1枚の紙）	
	② shíyī zhāng zhǐ（十一张纸…11枚の紙）	
	③ qī zhāng dìtú（七张地图…7枚の地図）	
	❹ **yì zhāng dìtú**（一张地图）	

(1) 4〜5歳	① shíwǔ suì（十五岁…15歳）	
	② sìshíwǔ suì（四十五岁…45歳）	
	③ sān wǔ suì（三、五岁…3〜5歳）	
	❹ **sì wǔ suì**（四、五岁）	
(2) 10日間	① shí nián（十年…10年間）	
	② shí jiàn（十件…10件）	
	③ sì tiān（四天…4日間）	
	❹ **shí tiān**（十天）	
(3) 55年	① wǔshíwǔ nián（五十五年…55年間）	
	❷ **wǔ wǔ nián**（五五年）	
	③ sān wǔ nián（三五年…35年）	
	④ sì wǔ nián（四五年…45年）	
(4) 1人の子供	① yí ge érzi（一个儿子…1人の息子）	
	② yí ge bēizi（一个杯子…1つのコップ）	
	❸ **yí ge háizi**（一个孩子）	
	④ jǐ ge háizi（几个孩子…何人の子供）	
(5) 4年間	❶ **sì nián**（四年）	
	② sì tiān（四天…4日間）	
	③ sì diǎn（四点…4時）	
	④ sì jiàn（四件…4件）	

第1部 リスニング4 あいさつ表現

〔例題〕次の場合、中国語ではどのように言うのが最も適当か。①～④の中から１つ選び、その番号を解答欄にマークしなさい。　CD C-20

(1) 丁寧に相手の姓を尋ねるとき
　① 　② 　③ 　④

〔正解〕④

〔解説〕4つの選択肢は、それぞれ以下のように発音されています。
(1) 你叫什么名字？　Nǐ jiào shénme míngzi?（お名前は。フルネームを聞く）
(2) 你是哪里人？　Nǐ shì nǎli rén?（どこのご出身ですか。）
(3) 你家在哪儿？　Nǐ jiā zài nǎr?（あなたの家はどこですか。）
(4) 您贵姓？　Nín guìxìng?（お名前は。姓を聞く）
出題の趣旨に合っているのは④だけなので、正解は④です。

〔狙い〕このパートでは日本語で、あるシチュエーションが提示され、その場面にもっともふさわしい音声を選択肢の中から選びます。出題される基本フレーズは、「簡単なあいさつ」と「尋ねる／尋ねられたときの表現」の二つに大別されます。

合格のための攻略ポイント！

これまでに以下のジャンルの問題が出題されています。

1　簡単なあいさつ
2　いろいろなことを尋ねる／尋ねられたときの表現

出題率の高い重要フレーズを下に挙げますので、しっかり覚えましょう。☆印のものは、特に重要な表現です。

1. 簡単なあいさつ

● 感謝されたとき☆
　不客气！　Bú kèqi!　「どういたしまして」

- お礼を言うとき
  谢谢！ Xièxie!「ありがとう」
- あやまるとき☆
  对不起！ Duìbuqǐ!「すみません」
- 謝られたとき
  没关系！ Méi guānxi!「かまいません」
- 待ち合わせに遅刻したとき
  我来晚了！ Wǒ lái wǎn le!「遅くなりました」
- 初対面の人にあいさつをするとき☆
  初次见面，请多关照！ Chūcì jiànmiàn, qǐng duō guānzhào!
  「はじめまして、どうぞよろしく」
- 久しぶりに会ったとき
  好久不见了！ Hǎojiǔ bú jiàn le!「お久しぶりです」
  "好久没 méi 见了！"でもいい。
- 朝、先生にあいさつをするとき
  老师，您早！ Lǎoshī, nín zǎo!「先生、おはようございます」
- 朝、おおぜいの人にあいさつをするとき
  大家早！ Dàjiā zǎo!「皆さん、おはようございます」
- 新年のあいさつをするとき
  新年快乐！ Xīnnián kuàilè!「新年おめでとう」
- お客さんを出迎えるとき☆
  欢迎，欢迎！ Huānyíng, huānyíng!「ようこそ」
- 旅立つ人を見送るとき
  一路平安！ Yílù píng'ān!「道中ご無事で」
- ドアがノックされたとき☆
  谁啊？请进！ Shéi a? Qǐng jìn!「どなたですか。お入りください」
  （shéi は shuí とも発音する）
- 手伝ってもらうとき☆
  麻烦您一下！ Máfan nín yí xià!「お手数をお掛けします」
- お客さんにお茶をすすめるとき☆
  请喝茶！ Qǐng hē chá!「お茶をどうぞ」

2. いろいろなことを尋ねる／尋ねられたときの表現

- 時刻を尋ねるとき☆
  现在几点？　Xiànzài jǐ diǎn?　「今何時ですか」
- 相手の名前を尋ねるとき☆
  你叫什么名字？　Nǐ jiào shénme míngzi?　「お名前は」（フルネームを）
- 値段を尋ねるとき☆
  多少钱？　Duōshao qián?　「いくらですか」
- どこへ行くのかを尋ねるとき☆
  你去哪儿？　Nǐ qù nǎr?　「あなたはどこへ行きますか」
- いつであるかを尋ねるとき
  什么时候？　Shénme shíhou?　「いつですか」
- 理由を尋ねるとき
  为什么没打电话？　Wèishénme méi dǎ diànhuà?
  「なぜ電話をしなかったのですか」
- 日数を尋ねるとき
  要几天？　Yào jǐ tiān?　「何日かかりますか」
- 今日は何日か尋ねるとき
  今天几月几号？　Jīntiān jǐ yuè jǐ hào?　「今日は何月何日ですか」
- 誕生日はいつかと尋ねるとき
  你的生日是几月几号？　Nǐ de shēngrì shì jǐ yuè jǐ hào?
  「お誕生日は何月何日ですか」
- 年配の人に年齢を聞くとき
  您多大年纪？　Nín duō dà niánjì?　「おいくつですか」

「いろいろなシーンの会話」の音声がCDに入っていますので、あいさつの受け答えや、尋ねたり、尋ねられたときの表現を何度も聞いて覚えましょう。

いろいろなシーンの会話　CD C-21~41

会ったときの表現　CD C-21
(1) A：你好！　Nǐ hǎo!　こんにちは！
　　B：您好！　Nín hǎo!　こんにちは！（年上や目上の人に）
(2) A：你们好！　Nǐmen hǎo!　皆さん、こんにちは！（複数の人に）
　　B：您好！　Nín hǎo!　こんにちは！（年上や目上の人に）
(3) A：老师好！　Lǎoshī hǎo!　先生、こんにちは！（先生に）
　　B：同学们好！　Tóngxuémen hǎo!　皆さん、こんにちは！（学生達に）

(4) A：大家好！　Dàjiā hǎo!　皆さん、こんにちは！（大勢の人に）
　　B：您好！　Nínhǎo!　こんにちは！（年上や目上の人に）
(5) A：早上好！　Zǎoshang hǎo!　おはようございます！
　　B：早上好！　Zǎoshang hǎo!　おはようございます！

⚫CD C-22

(1) A：您早！　Nín zǎo!　おはようございます！（年上や目上の人に）
　　B：你早！　Nǐ zǎo!　おはよう。
(2) A：晚上好！　Wǎnshang hǎo!　こんばんは！
　　B：晚上好！　Wǎnshang hǎo!　こんばんは！
(3) A：你好吗？　Nǐ hǎo ma?　お元気ですか？
　　B：还行。　Hái xíng.　まあまあです。
(4) A：你身体好吗？　Nǐ shēntǐ hǎo ma?　お元気ですか？
　　B：很好，谢谢！　Hěn hǎo, xièxie!　とても元気です、ありがとうございます！
(5) A：您身体好吗？　Nín shēntǐ hǎo ma?　お元気ですか？
　　B：还是老样子。　Háishi lǎoyàngzi.　相変わらず。

別れる際の表現　⚫CD C-23

(1) A：再见！　Zàijiàn!　さようなら！
　　B：再见！　Zàijiàn!　さようなら！
(2) A：晚安！　Wǎn'ān!　お休みなさい！
　　B：晚安！　Wǎn'ān!　お休みなさい！
(3) A：回头见！　Huítóu jiàn!　後ほどお目にかかりましょう！
　　B：回头见！　Huítóu jiàn!　後ほどお目にかかりましょう！
(4) A：一会儿见！　Yíhuìr jiàn!　また、あとで！
　　B：一会儿见！　Yíhuìr jiàn!　また、あとで！
(5) A：明天见！　Míngtiān jiàn!　また、明日！
　　B：明天见！　Míngtiān jiàn!　また、明日！

⚫CD C-24

(1) A：礼拜天见！　Lǐbàitiān jiàn!　日曜日に会いましょう！
　　B：礼拜天见！　Lǐbàitiān jiàn!　日曜日に会いましょう！
(2) A：明天八点见！　Míngtiān bā diǎn jiàn!　明日8時に会いましょう！
　　B：明天八点见！　Míngtiān bā diǎn jiàn!　明日8時に会いましょう！
(3) A：上海见！　Shànghǎi jiàn!　上海で会いましょう！
　　B：上海见！　Shànghǎi jiàn!　上海で会いましょう！
(4) A：北京见！　Běijīng jiàn!　北京で会いましょう！
　　B：北京见！　Běijīng jiàn!　北京で会いましょう！

お礼を言うとき 　CD C-25
（1）A：谢谢！　　Xièxie!　ありがとう！
　　　B：不谢！　　Bú xiè!　どういたしまして！
（2）A：谢谢您！　　Xièxie nín!　ありがとうございます！
　　　B：不用谢！　　Bú yòng xiè!　どういたしまして！
（3）A：太谢谢您了！　　Tài xièxie nín le!　本当にありがとうございます！
　　　B：不客气！　　Bú kèqi!　どういたしまして！
（4）A：非常感谢！　　Fēicháng gǎnxiè!　大変ありがとうございます！
　　　B：没什么！　　Méi shénme!　どういたしまして！

詫びるとき 　CD C-26
（1）A：对不起！　　Duìbuqǐ!　すみません！
　　　B：没关系！　　Méi guānxi!　構いません！
（2）A：请原谅！　　Qǐng yuánliàng!　お許しください！
　　　B：没什么！　　Méi shénme!　何でもありません！
（3）A：非常抱歉！　　Fēicháng bàoqiàn!　本当にごめんなさい！
　　　B：没关系！　　Méi guānxi!　何でもありません！

お願いをする 　CD C-27
（1）A：麻烦您了！　　Máfan nín le!　お手数をお掛けしました！
　　　B：没什么。　　Méi shénme!　何でもありません。
（2）A：给您添麻烦了！　　Gěi nín tiān máfan le.　ご迷惑をお掛けしました！
　　　B：不用客气！　　Bú yòng kèqi!　構いません！
（3）A：麻烦您一下！　　Máfan nín yíxià!　お手数をお掛けします！
　　　B：没事儿！　　Méi shìr!　構いません！
（4）A：劳驾！　　Láojià!　すみません！
　　　B：没问题！　　Méi wèntí!　大丈夫です！

相手の名前などを聞くとき 　CD C-28
（1）A：你贵姓？　　Nǐ guìxìng?　お名前は何とおっしゃいますか？（丁寧に聞く）
　　　B：我姓王。　　Wǒ xìng Wáng.　王と申します。
（2）A：您贵姓？　　Nín guìxìng?　お名前は何とおっしゃいますか？（さらに丁寧に聞く）
　　　B：免贵姓李。　　Miǎn guì xìng Lǐ.　李と申します。（謙遜して答える）
（3）A：您叫什么名字？　　Nín jiào shénme míngzi?
　　　　お名前は何とおっしゃいますか？（フルネームを聞く）
　　　B：我叫李丽。　　Wǒ jiào Lǐ Lì.　私は李麗と申します。

(4) A：你叫什么名字？　Nǐ jiào shénme míngzi?
　　　お名前は何とおっしゃいますか？（フルネームを聞く）
　　B：我叫王芳。　Wǒ jiào Wáng Fāng.　わたしは王芳と申します。

初対面のあいさつ　　CD C-29
(1) A：你是哪国人？　Nǐ shì nǎ guó rén?　どの国の方ですか？
　　B：我是日本人。　Wǒ shì Rìběnrén.　わたしは日本人です。
(2) A：初次见面，请多关照！　Chūcì jiànmiàn, qǐng duō guānzhào!
　　　初めまして，どうぞよろしく！
　　B：彼此，彼此！　Bǐcǐ, bǐcǐ!　こちらこそ！
(3) A：见到您很高兴！　Jiàndào nín hěn gāoxìng!
　　　お目にかかれて大変うれしいです！
　　B：见到您我也很高兴！　Jiàndào nín wǒ yě hěn gāoxìng!
　　　わたしもお目にかかれて大変うれしいです！
(4) A：认识您很高兴！　Rènshi nín hěn gāoxìng!
　　　お知り合いになれてうれしいです！
　　B：认识您我也很高兴！　Rènshi nín wǒ yě hěn gāoxìng!
　　　わたしも大変うれしいです！

人を褒めるとき　　CD C-30
(1) A：你的汉语真好。　Nǐ de Hànyǔ zhēn hǎo.
　　　あなたの中国語はお上手ですね。
　　B：哪里，哪里！　Nǎli, nǎli!　いえいえ！
(2) A：你的字真漂亮。　Nǐ de zì zhēn piàoliang.　あなたの字はお上手ですね。
　　B：哪儿的话！　Nǎr de huà.　いやいや！
(3) A：你的发音真好！　Nǐ de fāyīn zhēn hǎo.　あなたの発音はお上手ですね！
　　B：过奖了。　Guò jiǎng le.　褒めすぎですよ。

新年などのあいさつ　　CD C-31
(1) A：新年好！　Xīnnián hǎo!　新年おめでとう！
　　B：新年好！　Xīnnián hǎo!　新年おめでとう！
(2) A：圣诞快乐！　Shèngdàn kuàilè!　メリークリスマス！
　　B：圣诞快乐！　Shèngdàn kuàilè!　メリークリスマス！
(3) A：祝你生日快乐！　Zhù nǐ shēngrì kuàilè!　お誕生日おめでとう！
　　B：谢谢！　Xièxie!　ありがとうございます！

値段を尋ねる CD C-32
(1) A：多少钱？　Duōshao qián?　いくらですか？
　　 B：十块五毛。　Shí kuài wǔ máo.　10.5元です。
(2) A：几元？　Jǐ yuán?　何元ですか？
　　 B：两元。　Liǎng yuán.　2元です。
(3) A：几块？　Jǐ kuài?　何元ですか？
　　 B：两块。　Liǎng kuài.　2元です。
(4) A：一块几？　Yí kuài jǐ?　1元何角ですか？
　　 B：一块二。　Yí kuài èr.　1元2角です。

時刻を尋ねる CD C-33
(1) A：现在几点？　Xiànzài jǐ diǎn?　今何時ですか？
　　 B：八点半。　Bā diǎn bàn.　8時半。
(2) A：几点了？　Jǐ diǎn le?　何時ですか？
　　 B：十二点一刻。　Shí'èr diǎn yí kè.　12時15分。
(3) A：几点走？　Jǐ diǎn zǒu?　何時に行きますか？
　　 B：七点五分走。　Qī diǎn wǔ fēn zǒu.　7時5分に行きます。

相手の年齢を尋ねる CD C-34
(1) A：您多大年纪了？　Nín duō dà niánjì le?　おいくつですか？（年配の人に）
　　 B：八十了。　Bāshí le.　80歳です。
(2) A：您多大岁数了？　Nín duō dà suìshu le?　おいくつですか？（年配の人に）
　　 B：七十七了。　Qīshíqī le.　77歳です。
(3) A：你多大了？　Nǐ duō dà le?
　　 いくつですか？（自分の年齢に近い人、または年下の人に）
　　 B：十九岁。　Shíjiǔ suì.　19歳です。
(4) A：你几岁了？　Nǐ jǐ suì le?　いくつ？（子供に）
　　 B：八岁。　Bā suì.　8歳です。

行き先を尋ねる CD C-35
(1) A：你上哪儿？　Nǐ shàng nǎr?　どこへ行くのですか？
　　 B：我去火车站。　Wǒ qù huǒchēzhàn.　駅に行きます。
(2) A：你去哪儿？　Nǐ qù nǎr?　どこへ行くのですか？
　　 B：我去北京。　Wǒ qù Běijīng.　北京に行きます。
(3) A：你到哪儿？　Nǐ dào nǎr?　どこへ行くのですか？
　　 B：我去机场。　Wǒ qù jīchǎng.　空港に行きます。
(4) A：你去哪里？　Nǐ qù nǎli?　どこへ行くのですか？
　　 B：我去上海。　Wǒ qù Shànghǎi.　上海に行きます。

(5) A：你去什么地方？　Nǐ qù shénme dìfang?　どこへ行くのですか？
　　B：我去广州。　Wǒ qù Guǎngzhōu.　広州に行きます。

日にち・曜日を尋ねる　CD C-36
(1) A：今天几月几号？　Jīntiān jǐ yuè jǐ hào?　今日は何月何日ですか？
　　B：今天五月四号。　Jīntiān wǔyuè sì hào.　今日は5月4日です。
(2) A：你的生日是几月几号？　Nǐ de shēngrì shì jǐ yuè jǐ hào?
　　　お誕生日は何月何日ですか？
　　B：我的生日是十二月一号。　Wǒ de shēngrì shì shí'èryuè yī hào.
　　　わたしの誕生日は12月1日です。
(3) A：昨天星期几？　Zuótiān xīngqī jǐ?　昨日は何曜日でしたか？
　　B：昨天星期三。　Zuótiān xīngqīsān.　昨日は水曜日でした。
(4) A：你礼拜几有时间？　Nǐ lǐbài jǐ yǒu shíjiān?
　　　あなたは何曜日に時間がありますか？
　　B：我礼拜天有时间。　Wǒ lǐbàitiān yǒu shíjiān.
　　　わたしは日曜日に時間があります。

いつかと尋ねるとき　CD C-37
(1) A：什么时候去？　Shénme shíhou qù?　いつ行きますか？
　　B：明天下午。　Míngtiān xiàwǔ.　明日の午後。
(2) A：几月几号？　Jǐ yuè jǐ hào?　何月何日？
　　B：四月八号。　Sìyuè bā hào.　4月8日。
(3) A：星期几？　Xīngqī jǐ?　何曜日？
　　B：星期五。　Xīngqīwǔ.　金曜日。
(4) A：礼拜几？　Lǐbài jǐ?　何曜日？
　　B：礼拜天。　Lǐbàitiān.　日曜日。
(5) A：周几？　Zhōu jǐ?　何曜日？
　　B：周日。　Zhōurì.　日曜日。

時間を尋ねるとき　CD C-38
(1) A：多长时间？　Duōcháng shíjiān?　どのくらい時間がかかりますか？
　　B：两个小时。　Liǎng ge xiǎoshí.　2時間です。
(2) A：要几分钟？　Yào jǐ fēnzhōng?　何分かかりますか？
　　B：五分钟。　Wǔ fēnzhōng.　5分です。
(3) A：等多长时间？　Děng duōcháng shíjiān?　どのくらい待ちますか？
　　B：半个钟头。　Bàn ge zhōngtóu.　半時間です。
(4) A：几年？　Jǐ nián?　何年ですか？
　　B：三年。　Sān nián.　3年です。

(5) A:几个月？　Jǐ ge yuè?　何カ月ですか？
　　B:四个月。　Sì ge yuè.　4カ月です。
(6) A:几个星期？　Jǐ ge xīngqī?　何週間ですか？
　　B:两个星期。　Liǎng ge xīngqī.　2週間です。
(7) A:几个礼拜？　Jǐ ge lǐbài?　何週間ですか？
　　B:三个礼拜。　Sān ge lǐbài.　3週間です。
(8) A:几周？　Jǐ zhōu?　何週間ですか？
　　B:两周。　Liǎng zhōu.　2週間です。

お客さんに何かを勧めるとき　CD C-39
(1) A:请进！　Qǐng jìn!　どうぞ、お入りください！
　　B:打搅了！　Dǎjiǎo le!　お邪魔します！
(2) A:请坐！　Qǐng zuò!　お掛けください！
　　B:谢谢！　Xièxie!　ありがとうございます！
(3) A:请喝茶！　Qǐng hē chá!　お茶をどうぞ！
　　B:不客气！　Bú kèqi!　お構いなく！
(4) A:请吃菜！　Qǐng chī cài!　料理をどうぞ！
　　B:不用客气！　Bú yòng kèqi!　気を使わないでください。！
(5) A:请上车！　Qǐng shàng chē!　車にお乗りください！
　　B:您先请！　Nín xiān qǐng!　お先にどうぞ！

お客さんを出迎え、見送るとき　CD C-40
(1) A:欢迎，欢迎！　Huānyíng, huānyíng!　ようこそ！
　　B:打扰您了！　Dǎrǎo nín le!　お邪魔します！
(2) A:欢迎光临！　Huānyíng guānglín!　いらっしゃいませ！
　　B:谢谢！　Xièxie!　ありがとう！
(3) A:欢迎您再来！　Huānyíng nín zài lái!　またおいでください。！
　　B:再见！　Zàijiàn!　さようなら！
(4) A:祝你一路顺风！　Zhù nǐ yílù shùnfēng!　道中ご無事で！
　　B:谢谢您！　Xièxie nín!　ありがとうございます！
(5) A:您慢走！　Nín mànzǒu!　お気をつけて！
　　B:别送了！　Bié sòng le!　お見送りは結構です！
(6) A:小心点儿！　Xiǎoxīndiǎnr!　お気をつけて！
　　B:请留步！　Qǐng liúbù!　どうぞそのままで！

相手に飲み物などの好みを尋ねるとき　CD C-41
(1) A:你喝什么？　Nǐ hē shénme?　あなたは何を飲みますか？
　　B:我喝咖啡。　Wǒ hē kāfēi.　わたしはコーヒーを飲みます。

(2) A：你吃什么?　　Nǐ chī shénme?　あなたは何を食べますか？
　　 B：我吃面条。　　Wǒ chī miàntiáo.　わたしは麺を食べます。
(3) A：你买什么?　　Nǐ mǎi shénme?　あなたは何を買いますか？
　　 B：我买一张地图。　Wǒ mǎi yì zhāng dìtú.　わたしは地図を1枚買います。

練習ドリル 4

1回目	2回目	3回目	46～60点 その調子で！ 31～45点 もう少し！ 0～30点 がんばろう！
/60	/60	/60	

CD C-42～53

次の場合、中国語ではどのように言うのが最も適当か。①～②から１つ選び、その番号を解答欄にマークしなさい。

A (1)：時刻を尋ねるとき。　　　　　　　　　　① ②

　(2)：丁寧に相手の姓を尋ねるとき。　　　　　① ②

　(3)：値段を尋ねるとき。　　　　　　　　　　① ②

　(4)：どこへ行くのかを尋ねるとき。　　　　　① ②

　(5)：いつであるかを尋ねるとき。　　　　　　① ②

B (1)：理由を尋ねるとき。　　　　　　　　　　① ②

　(2)：日数を尋ねるとき。　　　　　　　　　　① ②

　(3)：年配の人に年齢を聞くとき。　　　　　　① ②

　(4)：幼いこどもに年齢を聞くとき。　　　　　① ②

　(5)："今天几月几号？" と聞かれたとき。　　 ① ②

C (1)：今日は何日か尋ねるとき。　　　　　　　① ②

　(2)：誕生日はいつか尋ねるとき。　　　　　　① ②

　(3)："你喝什么？" と尋ねられたとき。　　　 ① ②

　(4)：何を食べるか尋ねるとき。　　　　　　　① ②

　(5)：何を食べるか尋ねられたとき。　　　　　① ②

D (1)：何を飲むか尋ねられたとき。　　　　　　① ②

　(2)：相手のフルネームを尋ねるとき。　　　　① ②

　(3)：相手の出身地を尋ねるとき。　　　　　　① ②

　(4)：相手の家族の人数を尋ねるとき。　　　　① ②

　(5)：お客さんにお茶をすすめるとき。　　　　① ②

E (1)：ドアがノックされたとき。		①	②
(2)：感謝されたとき。		①	②
(3)：お礼を言うとき。		①	②
(4)：お礼を言われたとき。		①	②
(5)：あやまるとき。		①	②
F (1)：あやまられたとき。		①	②
(2)："対不起！"と言われたとき。		①	②
(3)：待ち合わせに遅刻したとき。		①	②
(4)：初対面の人にあいさつをするとき。		①	②
(5)：「よろしくお願いします」と言うとき。		①	②
G (1)：久しぶりに会ったとき。		①	②
(2)：朝、先生にあいさつをするとき。		①	②
(3)：朝、おおぜいの人にあいさつをするとき。		①	②
(4)：新年のあいさつをするとき。		①	②
(5)：お客さんを出迎えるとき。		①	②
H (1)：旅立つ人を見送るとき。		①	②
(2)：手伝ってもらうとき。		①	②
(3)：タバコを遠慮してほしいとき。		①	②
(4)：お客さんを見送るとき。		①	②
(5)：「初めまして、どうぞよろしくお願いします」と言われたとき。	①		②

I (1)：「ダメ」と言いたいとき。		①	②
(2)：人の家から帰るとき。		①	②
(3)：「また明日」と言いたいとき。		①	②
(4)：「申し訳ない」と言いたいとき。		①	②
(5)：「ごめんなさい」と言いたいとき。		①	②
J (1)：「どちらさまですか」と言いたいとき。		①	②
(2)：お客さんを引きとめたいとき。		①	②
(3)：「お元気で」と言いたいとき。		①	②
(4)：「おめでとう」と言いたいとき。		①	②
(5)：道を尋ねるとき。		①	②
K (1)：所要時間を尋ねるとき。		①	②
(2)：「お手数をお掛けします」と言いたいとき。		①	②
(3)：「お先に失礼します」と言いたいとき。		①	②
(4)：「ご苦労さま」と言いたいとき。		①	②
(5)：朝、あいさつをするとき。		①	②
L (1)：夜、あいさつをするとき。		①	②
(2)：夜、別れるあいさつをするとき。		①	②
(3)：「お帰りなさい」と言いたいとき。		①	②
(4)：許可するとき。		①	②
(5)：相手に贈り物を渡すとき。		①	②

模擬テスト 4 解答用紙

点数 ／60

- 46〜60点　その調子で！
- 31〜45点　もう少し！
- 0〜30点　がんばろう！

CD C-54〜65

次の場合、中国語ではどのように言うのが最も適当か。①〜④の中から１つ選び、その番号を解答欄にマークしなさい。

A (1)：お礼を言うとき。　　①　②　③　④
　(2)：椅子を勧めるとき。　　①　②　③　④
　(3)：お茶を勧めるとき。　　①　②　③　④
　(4)：許しを請うとき。　　①　②　③　④
　(5)：値段を尋ねるとき。　　①　②　③　④

B (1)：10元以下と予測して値段を尋ねるとき。　　①　②　③　④
　(2)：1元以下と予測して値段を尋ねるとき。　　①　②　③　④
　(3)：旅の見送りをするとき。　　①　②　③　④
　(4)：久しぶりに会ったとき。　　①　②　③　④
　(5)：見送ってくれるのを遠慮するとき。　　①　②　③　④

C (1)：子供に年齢を聞くとき。　　①　②　③　④
　(2)：今日は何日か尋ねるとき。　　①　②　③　④
　(3)：ドアがノックされたとき。　　①　②　③　④
　(4)：あやまられたとき。　　①　②　③　④
　(5)：お礼を言われたとき。　　①　②　③　④

D (1)：誕生日はいつかと尋ねるとき。　　①　②　③　④
　(2)：手伝ってもらうとき。　　①　②　③　④
　(3)：許可しないとき。　　①　②　③　④
　(4)：褒められたとき。　　①　②　③　④
　(5)：丁寧に相手の姓を尋ねるとき。　　①　②　③　④

E (1)：相手のフルネームを尋ねるとき。　　①　②　③　④
　(2)：お客様を迎えるとき。　　①　②　③　④
　(3)：行き先を尋ねるとき。　　①　②　③　④
　(4)：あいさつで「よろしくお願いします」と言うとき。　　①　②　③　④
　(5)：労をねぎらうとき。　　①　②　③　④

F (1)：時刻を尋ねるとき。　　①　②　③　④
　(2)："你喝什么？"と聞かれたとき。　　①　②　③　④
　(3)：理由を尋ねるとき。　　①　②　③　④
　(4)：日数を尋ねるとき。　　①　②　③　④
　(5)：あやまるとき。　　①　②　③　④

第１部 リスニング ❹

G (1)：待ち合わせに遅れたとき。	①	②	③	④
(2)：朝、先生にあいさつをするとき。	①	②	③	④
(3)：新年のあいさつをするとき。	①	②	③	④
(4)：朝、大勢の人にあいさつをするとき。	①	②	③	④
(5)：曜日を尋ねるとき。	①	②	③	④
H (1)：ゆっくり言ってほしいとき。	①	②	③	④
(2)：相手を待たせたとき。	①	②	③	④
(3)：初対面の人にあいさつをするとき。	①	②	③	④
(4)：タバコを吸いたいとき。	①	②	③	④
(5)：夜別れるときのあいさつ。	①	②	③	④
I (1)：いつであるかを尋ねるとき。	①	②	③	④
(2)：お客さんに料理を勧めるとき。	①	②	③	④
(3)：来客を見送るとき。	①	②	③	④
(4)：「おめでとう」と言うとき。	①	②	③	④
(5)：人の家から帰るとき。	①	②	③	④
J (1)：相手の言ったことに賛同するとき。	①	②	③	④
(2)：贈り物を渡すとき。	①	②	③	④
(3)：電話で相手の名前を尋ねるとき。	①	②	③	④
(4)：頼み事をするとき。	①	②	③	④
(5)：「では、のちほど」と言うとき。	①	②	③	④
K (1)：相手の前を通るとき。	①	②	③	④
(2)：誕生日を祝うとき。	①	②	③	④
(3)：道を尋ねるとき。	①	②	③	④
(4)：お客さんを引き止めるとき。	①	②	③	④
(5)：賞賛されたとき。	①	②	③	④
L (1)："你吃什么？"と聞かれたとき。	①	②	③	④
(2)："你去哪儿？"と尋ねられたとき。	①	②	③	④
(3)：年配の人に年齢を尋ねるとき。	①	②	③	④
(4)：店員がお客さんを見送るとき。	①	②	③	④
(5)：「申し訳ありません」と言うとき。	①	②	③	④

練習ドリル 4 解答と解説

※白ヌキ数字のものが正解です。

A (1) 時刻を尋ねるとき。

　　① Jǐ tiān le?　几天了?　何日になりましたか。

　　❷ **Jǐ diǎn le?**　几点了?　何時ですか。

(2) 丁寧に相手の姓を尋ねるとき。

　　① Nǐ jiào shénme míngzi?　你叫什么名字?　お名前は何とおっしゃいますか。

　　❷ **Nín guìxìng?**　您贵姓?　お名前は何とおっしゃいますか。

(3) 値段を尋ねるとき。

　　❶ **Duōshao qián?**　多少钱?　いくらですか。

　　② Duōshao tiān?　多少天?　何日間ですか。

(4) どこへ行くのかを尋ねるとき。

　　❶ **Nǐ qù nǎr?**　你去哪儿?　あなたはどこに行きますか。

　　② Nǐ zài nǎr?　你在哪儿?　あなたはどこにいますか。

(5) いつであるかを尋ねるとき。

　　① Shénme shìr?　什么事儿?　何のご用ですか。

　　❷ **Shénme shíhou?**　什么时候?　いつですか。

B (1) 理由を尋ねるとき。

　　① Shénme dìfang?　什么地方?　どこですか。

　　❷ **Wèi shénme?**　为什么?　なぜですか。

(2) 日数を尋ねるとき。

　　① Jǐ hào?　几号?　何日ですか。

　　❷ **Jǐ tiān?**　几天?　何日間ですか。

(3) 年配の人に年齢を聞くとき。

　　❶ **Nín duō dà niánjì?**　您多大年纪?　お年はおいくつですか。

　　② Nǐ jǐ suì le?　你几岁了?　あなたは何歳ですか。

(4) 幼いこどもに年齢を聞くとき。

　　❶ **Jǐ suì le?**　几岁了?　何歳ですか。

　　② Nín duō dà suìshu?　您多大岁数?　お年はおいくつですか。

(5) "今天几月几号?" と聞かれたとき。

　　① Wǔ diǎn bàn.　五点半。　5時半。

　　❷ **Wǔ yuè bā hào.**　五月八号。　5月8日。

C (1) 今日は何日か尋ねるとき。

　　❶ **Jīntiān jǐ yuè jǐ hào?**　今天几月几号？　今日は何月何日ですか。

　　② Xiànzài jǐ diǎn?　现在几点？　今何時ですか。

(2) 誕生日はいつかと尋ねるとき。

　　❶ **Nǐ de shēngri shì jǐ yuè jǐ hào?**　你的生日是几月几号？　お誕生日は何月何日ですか。

　　② Nǐ jiā jǐ kǒu rén?　你家几口人？　あなたの家は何人家族ですか。

(3) "你喝什么？"と尋ねられたとき。

　　① Jiǎozi.　饺子。　餃子。

　　❷ **Píjiǔ.**　啤酒。　ビール。

(4) 何を食べるか尋ねるとき。

　　① Nǐ xìng shénme?　你姓什么？　お名前は何とおっしゃいますか。

　　❷ **Nǐ chī shénme?**　你吃什么？　あなたは何を食べますか。

(5) 何を食べるか尋ねられたとき。

　　❶ **Miàntiáo.**　面条。　麺。

　　② Kāfēi.　咖啡。　コーヒー。

D (1) 何を飲むか尋ねられたとき。

　　❶ **Huāchá.**　花茶。　花茶。

　　② Diǎnxin.　点心。　菓子。

(2) 相手のフルネームを尋ねるとき。

　　① Nǐ shì nǎ guó rén?　你是哪国人？　あなたはどこの国の方ですか。

　　❷ **Nǐ jiào shénme míngzi?**　你叫什么名字？　お名前は何とおっしゃいますか。

(3) 相手の出身地を尋ねるとき。

　　① Nǐ jiā zài nǎr?　你家在哪儿？　あなたの家はどこですか。

　　❷ **Nǐ shì nǎli rén?**　你是哪里人？　あなたはどこの方ですか。

(4) 相手の家族の人数を尋ねるとき。

　　① Nǐ jiā yuǎn ma?　你家远吗？　あなたの家は遠いですか。

　　❷ **Nǐ jiā jǐ kǒu rén?**　你家几口人？　あなたの家は何人家族ですか。

(5) お客さんにお茶をすすめるとき。

　　① Qǐng zuò!　请坐！　お掛けください。

　　❷ **Qǐng hē chá!**　请喝茶！　お茶をどうぞ。

E (1) ドアがノックされたとき。
　　❶ Shéi yā? Qǐng jìn! 谁呀？请进！　どなたですか。お入りください。(誰は shuí と発音してもよい)
　　② Qǐng mànzǒu! 请慢走！　お気をつけて。

(2) 感謝されたとき。
　　① Méi wèntí! 没问题！　大丈夫です。
　　❷ Méi shénme! 没什么！　何でもありません。

(3) お礼を言うとき。
　　❶ Xièxie nín! 谢谢您！　ありがとうございます。
　　② Bú yòng xiè! 不用谢！　どういたしまして。

(4) お礼を言われたとき。
　　❶ Bú yòng xiè! 不用谢！　どういたしまして。
　　② Duōxiè! 多谢！　どうもありがとうございます。

(5) あやまるとき。
　　❶ Qǐng yuánliàng! 请原谅！　お許しください。
　　② Qǐng duō guānzhào! 请多关照！　よろしくお願いいたします。

F (1) あやまられたとき。
　　① Míngbai le! 明白了！　分かりました。
　　❷ Méi guānxi! 没关系！　構いません。

(2) "对不起！"と言われたとき。
　　❶ Méi shénme! 没什么！　何でもありません。
　　② Shì de! 是的！　そうです。

(3) 待ち合わせに遅刻したとき。
　　❶ Duìbuqǐ, wǒ láiwǎn le! 对不起，我来晚了。　すみません、遅くなりました。
　　② Duìbuqǐ, wǒ méi kòngr! 对不起，我没空儿。　すみません、わたしは暇がありません。

(4) 初対面の人にあいさつをするとき。
　　① Ràng nín jiǔ děng le! 让您久等了！　お待たせいたしました。
　　❷ Rènshi nín, hěn gāoxìng! 认识您，很高兴！　お知り合いになれてうれしいです。

(5) 「よろしくお願いします」と言うとき。
　　① Qǐng duō bǎozhòng! 请多保重！　お大事に。
　　❷ Qǐng duō guānzhào! 请多关照！　よろしくお願いいたします。

G (1) 久しぶりに会ったとき。

　　① Hǎode!　好的！　結構です。

　　❷ Hǎojiǔ méi jiàn le!　好久没见了！　お久しぶりです。

(2) 朝、先生にあいさつをするとき。

　　① Tóngxuémen hǎo!　同学们好！　（学生の）皆さんこんにちは。

　　❷ Lǎoshī, nín zǎo!　老师，您早！　先生、おはようございます。

(3) 朝、おおぜいの人にあいさつをするとき。

　　① Dàjiā xīnkǔle!　大家辛苦了！　皆さんお疲れ様です。

　　❷ Dàjiā zǎoshang hǎo!　大家早上好！　皆さん、おはようございます。

(4) 新年のあいさつをするとき。

　　❶ Xīnnián kuàilè!　新年快乐！　新年おめでとう。

　　② Shēngrì kuàilè!　生日快乐！　誕生日おめでとう。

(5) お客さんを出迎えるとき。

　　① Nǎli, nǎli!　哪里，哪里！　どういたしまして。

　　❷ Huānyíng, huānyíng!　欢迎，欢迎！　ようこそ。

H (1) 旅立つ人を見送るとき。

　　① Qǐng děng yi děng!　请等一等！　少々お待ちください。

　　❷ Yílù píng'ān!　一路平安！　道中ご無事で。

(2) 手伝ってもらうとき。

　　① Qǐng wèn!　请问！　お尋ねしますが…

　　❷ Láojià!　劳驾！　すみません。

(3) タバコを遠慮してほしいとき。

　　① Qǐng bié kèqi!　请别客气！　遠慮しないでください。

　　❷ Qǐng bié chōuyān!　请别抽烟！　たばこはご遠慮ください。

(4) お客さんを見送るとき。

　　❶ Qǐng mànzǒu!　请慢走！　お気をつけて。

　　② Qǐng shōuxia!　请收下！　お納めください。

(5) 「初めまして、どうぞよろしくお願いします」と言われたとき。

　　❶ Bǐcǐ, bǐcǐ!　彼此，彼此！　お互いさまです。

　　② Gōngxǐ, gōngxǐ!　恭喜，恭喜！　おめでとう。

I (1)「ダメ」と言いたいとき。

① Búcuò!　不错！　素晴らしいです。

❷ Bùxíng!　不行！　ダメです。

(2) 人の家から帰るとき。

① Nǎr de huà!　哪儿的话！　どういたしまして。

❷ Dǎjiǎo nín le!　打搅您了！　お邪魔致しました。

(3)「また明日」と言いたいとき。

① Huítóu jiàn!　回头见！　後ほどお目にかかりましょう。

❷ Míngtiān jiàn!　明天见！　明日お会いしましょう。

(4)「申し訳ない」と言いたいとき。

❶ Hěn bàoqiàn!　很抱歉！　申し訳ありません。

② Hěn máfan!　很麻烦！　とても面倒臭い。

(5)「ごめんなさい」と言いたいとき。

① Duì le!　对了！　その通りです。

❷ Duìbuqǐ!　对不起！　すみません。

J (1)「どちらさまですか」と言いたいとき。

① Nín yǒu shénme shìr ma?　您有什么事儿吗？　何かご用ですか。

❷ Nín shì nǎ wèi?　您是哪位？　どちらさまですか。

(2) お客さんを引きとめたいとき。

❶ Zài zuò yíhuìr ba!　再坐一会儿吧！　もう少しゆっくりしていて。

② Zài děng yíhuìr ba!　再等一会儿吧！　もう少し待ちましょう。

(3)「お元気で」と言いたいとき。

① Nín shēntǐ hǎo ma?　您身体好吗？　お元気ですか。

❷ Zhù nín shēntǐ jiànkāng!　祝您身体健康！　お元気で。

(4)「おめでとう」と言いたいとき。

❶ Zhùhè nín!　祝贺您！　おめでとう。

② Jiàndào nín, hěn gāoxìng!　见到您，很高兴！　お会いできて、とてもうれしいです。

(5) 道を尋ねるとき。

❶ Qù chēzhàn zěnme zǒu?　去车站怎么走？　駅にはどう行きますか。

② Qù shénme dìfang?　去什么地方？　どこに行きますか。

K (1) 所要時間を尋ねるとき。

　　① **Yào duōshao qián?**　要多少钱？　いくらかかりますか？

　　❷ **Yào duōcháng shíjiān?**　要多长时间？　どのくらい時間がかかりますか。

(2) 「お手数をお掛けします」と言いたいとき。

　　❶ **Máfan nín!**　麻烦您！　お手数をお掛けします。

　　② **Nín lái le!**　您来了！　いらっしゃいませ。

(3) 「お先に失礼します」と言いたいとき。

　　① **Nǐ xiān zǒu ba!**　你先走吧！　先に行ってください。

　　❷ **Wǒ xiān zǒu le!**　我先走了！　お先に失礼します。

(4) 「ご苦労さま」と言いたいとき。

　　① **Láojià!**　劳驾　すみません。

　　❷ **Xīnkǔ le!**　辛苦了！　お疲れさまです。

(5) 朝、あいさつをするとき。

　　❶ **Zǎoshang hǎo!**　早上好！　おはようございます。

　　② **Dàjiā hǎo!**　大家好！　皆さんこんにちは。

L (1) 夜、あいさつをするとき。

　　① **Wǎn'ān!**　晚安！　お休みなさい。

　　❷ **Wǎnshang hǎo!**　晚上好！　こんばんは。

(2) 夜、別れるあいさつをするとき。

　　① **Yílù píng'ān!**　一路平安！　道中ご無事で。

　　❷ **Wǎn'ān!**　晚安！　お休みなさい。

(3) 「お帰りなさい」と言いたいとき。

　　① **Wǒ huílái le!**　我回来了！　ただいま。

　　❷ **Nín huílái le!**　您回来了！　お帰りなさい。

(4) 許可するとき。

　　① **Bùxíng!**　不行！　ダメです。

　　❷ **Kěyǐ!**　可以！　よろしい。

(5) 相手に贈り物を渡すとき。

　　❶ **Qǐng shōuxia!**　请收下！　お納めください。

　　② **Qǐng liúbù!**　请留步！　お見送りには及びません。

模擬テスト 4　解答と解説

※白ヌキ数字のものが正解です。

A (1) お礼を言うとき。

① Duōshao qián?　多少钱?　いくらですか。

❷ **Duōxiè! Duōxiè!**　多谢！多谢！　どうもありがとうございます。

③ Duō cháng shíjiān?　多长时间?　どのくらい時間がかかりますか。

④ Duōdà le?　多大了?　何歳ですか。

(2) 椅子を勧めるとき。

① Qǐngjìn!　请进！　どうぞお入りください。

② Qǐngwèn, nǐ guìxìng?　请问，你贵姓?　失礼ですが、お名前は？

❸ **Qǐng zuò!**　请坐！　お掛けください。

④ Qǐng shàng chē!　请上车！　どうぞお乗りください。

(3) お茶を勧めるとき。

① Qǐng děng yíxià!　请等一下！　少々お待ちください。

② Qǐngwèn, cèsuǒ zài nǎr?　请问，厕所在哪儿?　お尋ねしますが、トイレはどこですか。

③ Qǐng chī cài!　请吃菜！　どうぞ料理を食べてください。

❹ **Qǐng hē chá!**　请喝茶！　お茶をどうぞ。

(4) 許しを請うとき。

❶ **Qǐng yuánliàng!**　请原谅！　お許しください。

② Xièxie nǐ!　谢谢你！　ありがとうございます。

③ Bié kèqi!　别客气！　気を使わないでください。

④ Bù zhīdào!　不知道。　知りません。

(5) 値段を尋ねるとき。

① Duō bu duō?　多不多?　多いですか。

❷ **Duōshao qián?**　多少钱?　いくらですか。

③ Duōshao rén?　多少人?　何人ですか。

④ Duō dà niánjì?　多大年纪?　おいくつですか。

B (1) 10元以下と予測して値段を尋ねるとき。

① Jǐ jiàn?　几件?　何枚ですか。(洋服など)

② Jǐ zhāng?　几张?　何枚ですか。(紙など)

③ Jǐ zhī?　几枝?　何本ですか。

❹ **Jǐ kuài?**　几块?　何元ですか。

第1部 リスニング ❹

89

(2) 1元以下と予測して値段を尋ねるとき。

① Jǐ kǒu rén?　几口人?　何人家族ですか。

② Jǐ ge?　几个?　何個ですか。

❸ **Jǐ máo?**　几毛?　何角ですか。

④ Jǐ wèi?　几位?　何名様ですか。

(3) 旅の見送りをするとき。

① Huānyíng, huānyíng!　欢迎，欢迎！　ようこそ。

❷ **Yílù píng'ān!**　一路平安！　道中ご無事に！

③ Qǐng xià chē!　请下车！　どうぞ降りてください。

④ Wǒ zǒu le!　我走了！　行って参ります。

(4) 久しぶりに会ったとき。

① Hǎoduō le!　好多了。　ずいぶ良くなりました。

❷ **Hǎojiǔ bú jiàn le!**　好久不见了！　お久しぶり！

③ Hǎochī!　好吃。　(食べ物が) おいしいです。

④ Hǎohē!　好喝。　(飲み物が) おいしいです。

(5) 見送ってくれるのを遠慮するとき。

① Qǐng duōduō bǎozhòng!　请多多保重！　お大事に。

❷ **Qǐng liúbù!**　请留步！　どうぞそのままで！

③ Qǐng bié chōuyān!　请别抽烟！　タバコを吸わないでください。

④ Qǐng duō guānzhào!　请多关照！　どうぞよろしく。

C (1) 子供に年齢を聞くとき。

❶ **Jǐ suì le?**　几岁了?　何歳ですか。

② Duō dà suìshu?　多大岁数?　おいくつですか。

③ Jǐ nián?　几年?　何年ですか。

④ Jǐ tiān?　几天?　何日ですか。

(2) 今日は何日か尋ねるとき。

① Jǐ yuán?　几元?　何元ですか。

② Jǐ jiǎo?　几角?　何角ですか。

③ Jīntiān xīngqījǐ?　今天星期几?　今日は何曜日ですか。

❹ **Jīntiān jǐ yuè jǐ hào?**　今天几月几号?　今日は何月何日ですか。

(3) ドアがノックされたとき。

❶ **Shéi yā? Qǐngjìn!**　谁呀? 请进！　どなたですか。お入りください。

② Máfan nǐ le!　麻烦你了！　お手数をお掛けします。

③ Xīnkǔ le!　辛苦了！　ご苦労様です。

④ Méi wèntí! 没问题！　大丈夫です。

(4) あやまられたとき。

❶ **Méi guānxi!** 没关系！　かまいません。

② Méiyǒu shíjiān! 没有时间。　時間がありません。

③ Míngbai le! 明白了！　分かりました。

④ Méiyǒu le! 没有了！　なくなりました。

(5) お礼を言われたとき。

① Bú sòng le! 不送了！　お見送りしませんが。

② Bùxíng! 不行！　ダメです。

❸ **Bú kèqi!** 不客气！　お構いなく。

④ Bú yàojǐn! 不要紧！　構いません。

D (1) 誕生日はいつかと尋ねるとき。

① Nǐ xīngqī jǐ qù? 你星期几去？　あなたは何曜日に行きますか。

② Nǐ shénme shíhou huílái? 你什么时候回来？　あなたはいつ帰ってきますか。

❸ **Nǐ de shēngrì shì jǐ yuè jǐ hào?** 你的生日是几月几号？　お誕生日は何月何日ですか。

④ Jīntiān jǐ yuè jǐ hào? 今天几月几号？　今日は何月何日ですか。

(2) 手伝ってもらうとき。

❶ **Máfan nín yíxià.** 麻烦您一下。　お手数をお掛けします。

② Hěn bàoqiàn! 很抱歉！　申し訳ありません。

③ Bù gǎndāng. 不敢当！　恐れ入ります。

④ Bǐcǐ, bǐcǐ! 彼此，彼此！　こちらこそ。

(3) 許可しないとき。

① Bù zhīdào. 不知道！　知りません。

② Bù míngbai. 不明白！　分かりません。

③ Bú duì 不对！　違います。

❹ **Bùxíng!** 不行！　ダメです。

(4) 褒められたとき。

① Nǎr yǒu cèsuǒ? 哪儿有厕所?　どこにトイレがありますか。

② Nǎ nián shēng de? 哪年生的？　何年生まれですか。

③ Nǐ shì nǎ guó rén? 你是哪国人？　どこの国の方ですか。

❹ **Nǎli, nǎli!** 哪里，哪里！　いえいえ。

(5) 丁寧に相手の姓を尋ねるとき。

① Nín huílái le! 您回来了！　お帰りなさい。

② Nǐ xíng ma? 你行吗？　あなたは大丈夫ですか。

❸ **Nín guìxìng?** 您贵姓？　お名前は（姓を尋ねる）。

④ Nǐ zěnme le?　你怎么了？　どうしましたか。

E (1) 相手のフルネームを尋ねるとき。

① Nǐ guìxìng?　你贵姓？　お名前は（姓を尋ねる）。

❷ **Nǐ jiào shénme míngzi?** 你叫什么名字？　あなたのお名前は（フルネームを尋ねる）。

③ Nǐ jiā jǐ kǒu rén?　你家几口人？　あなたの家は何人家族ですか。

④ Nǐ yǒu kòngr ma?　你有空儿吗？　あなたは暇がありますか。

(2) お客様を迎えるとき。

❶ **Huānyíng, huānyíng!** 欢迎，欢迎！　ようこそ。

② Xǐhuan!　喜欢！　好きです。

③ Míngbai le!　明白了！　分かりました。

④ Míngtiān jiàn!　明天见！　また明日。

(3) 行き先を尋ねるとき。

① Nǐ jiā zài nǎr?　你家在哪儿？　あなたの家はどこですか。

② Nǐ zài nǎr gōngzuò?　你在哪儿工作？　あなたはどこで働いていますか。

❸ **Nǐ qù nǎr?** 你去哪儿？　あなたはどこへ行きますか。

④ Nǐ chī shénme?　你吃什么？　あなたは何を食べますか。

(4) あいさつで「よろしくお願いします」と言うとき。

① Qǐng duōduō bǎozhòng!　请多多保重！　お大事に。

② Qǐng duō chī diǎnr!　请多吃点儿！　どうぞもっと食べてください。

③ Qǐng kuài yìdiǎnr!　请快一点儿！　少し早くしてください。

❹ **Qǐng duō guānzhào!** 请多关照！　どうぞよろしく。

(5) 労をねぎらうとき。

① Gōngxǐ nǐ!　恭喜你！　おめでとう。

② Huānyíng guānglín!　欢迎光临！　ようこそ！

❸ **Xīnkǔ le!** 辛苦了！　ご苦労様です。

④ Xīnnián hǎo!　新年好！　新年おめでとう。

F (1) 時刻を尋ねるとき。

① Xiànzài zài nǎr?　现在在哪儿？　今どこにいますか。

❷ **Xiànzài jǐ diǎn?** 现在几点？　今は何時ですか。

③ Jǐ ge zhōngtóu?　几个钟头？　何時間ですか。

④ Jǐ fēnzhōng?　几分钟？　何分間ですか。

(2) "你喝什么？"と聞かれたとき。

① Bēizi　杯子　コップ

② Júzi 桔子 みかん

❸ Kāfēi 咖啡 コーヒー

④ Jiǎozi 饺子 餃子

(3) 理由を尋ねるとき。

① Chī shénme? 吃什么? 何を食べますか。

② Zěnme xiě? 怎么写? どう書きますか。

③ Zài nǎr xià chē? 在哪儿下车? どこで降りますか。

❹ Wèi shénme? 为什么? なぜですか。

(4) 日数を尋ねるとき。

① Jǐ nián? 几年? 何年ですか。

② Jǐ suì? 几岁? 何歳ですか。

③ Lǐbài jǐ? 礼拜几? 何曜日ですか。

❹ Jǐ tiān? 几天? 何日ですか。

(5) あやまるとき。

① Duì bu duì? 对不对? 正しいですか。

❷ Duìbuqǐ. 对不起！ すみません。

③ Nín mànzǒu! 您慢走！ お気をつけて。

④ Xiǎoxīn diǎnr! 小心点儿！ 気をつけてください。

G (1) 待ち合わせに遅れたとき。

❶ Duìbuqǐ, wǒ láiwǎn le! 对不起，我来晚了！ すみません、遅れました。

② Duìbuqǐ, ràng nǐ pòfèi le! 对不起，让你破费了！ すみません、あなたに散財をおかけしました。

③ Ràng yíxiàr! 让一下儿！ どいてください。

④ Jièguāng! 借光！ 前を失礼いたします。

(2) 朝、先生にあいさつをするとき。

① Tóngxuémen hǎo! 同学们好！ 皆さん、こんにちは。

❷ Lǎoshī, zǎoshang hǎo! 老师，早上好！ 先生、おはようございます。

③ Wǎn'ān! 晚安！ お休みなさい。

④ Wǎnshang hǎo! 晚上好！ こんばんは。

(3) 新年のあいさつをするとき。

① Xīnde hǎo. 新的好。 新しいのがいい。

❷ Xīnnián hǎo! 新年好！ 新年おめでとう。

③ Jīntiān hǎo! 今天好！ 今日がいい。

④ Xīngqītiān hǎo! 星期天好！ 日曜日がいい。

(4) 朝、大勢の人にあいさつをするとき。

❶ **Dàjiā zǎoshang hǎo!** 大家早上好！ 皆さん、おはようございます。

② Dàjiā zǒu ba. 大家走吧。 皆さん、行きましょう。

③ Hǎo ba! 好吧！ 良いでしょう。

④ Míngtiān jiàn! 明天见！ また明日。

(5) 曜日を尋ねるとき。

① Jīntiān jǐ yuè jǐ hào? 今天几月几号？ 今日は何月何日？

❷ **Jīntiān xīngqī jǐ?** 今天星期几？ 今日は何曜日ですか。

③ Yào jǐ ge xīngqī? 要几个星期？ 何週間かかりますか。

④ Jīntiān xīngqīyī. 今天星期一。 今日は月曜日です。

H (1) ゆっくり言ってほしいとき。

① Qǐng kuàidiǎnr! 请快点儿！ 少し早くしてください。

② Qǐng kuàidiǎnr shuō! 请快点儿说！ 早く言ってください。

③ Qǐng kuàidiǎnr zǒu! 请快点儿走！ 少し早く歩いてください。

❹ **Qǐng màndiǎnr shuō!** 请慢点儿说！ 少しゆっくり言ってください。

(2) 相手を待たせたとき。

① Zài děng yíhuìr. 再等一会儿。 もう少し待ってください。

❷ **Duìbuqǐ, ràng nǐ jiǔděng le!** 对不起，让你久等了！ すみません、お待たせしました。

③ Yíhuìr jiù hǎo. 一会儿就好。 すぐ出来上がります。

④ Yíhuìr jiàn! 一会儿见！ のちほどお会いしましょう。

(3) 初対面の人にあいさつをするとき。

① Yòu jiàndào nín, wǒ hěn gāoxìng! 又见到您，我很高兴！ またお目にかかれて、わたしはとてもうれしいです。

② Jīntiān wǒ hěn gāoxìng! 今天我很高兴！ 今日、わたしはとてもうれしいです。

❸ **Rènshi nín, wǒ hěn gāoxìng!** 认识您，我很高兴！ お知り合いになれてとてもうれしいです。

④ Jīntiān shì jǐ hào? 今天是几号？ 今日は何日ですか。

(4) タバコを吸いたいとき。

① Kěyǐ chī ma? 可以吃吗？ 食べてもいいですか。

❷ **Kěyǐ chōu yān ma?** 可以抽烟吗？ タバコを吸ってもいいですか。

③ Kěyǐ zhào xiàng ma? 可以照相吗？ 写真を撮ってもいいですか。

④ Kěyǐ kàn ma? 可以看吗？ 見てもいいですか。

(5) 夜別れるときのあいさつ。

① Láiwǎn le. 来晚了。 来るのが遅かったです。

② Wǎndiǎn le. 晚点了。 遅れました。

❸ **Wǎn'ān!** 晚安！ お休みなさい。

④ Bié wǎn le! 别晚了! 遅れないでください。

I (1) いつであるかを尋ねるとき。

① Duōshao qián? 多少钱? いくらですか。

❷ **Shénme shíhou?** 什么时候? いつですか。

③ Shénme shìr? 什么事儿? 何のご用ですか。

④ Zěnmeyàng? 怎么样? いかがですか。

(2) お客さんに料理を勧めるとき。

① Qǐng hē jiǔ! 请喝酒! どうぞお酒を飲んでください。

② Qǐng chōu yān! 请抽烟! タバコをどうぞ!

③ Qǐng yuánliàng! 请原谅! お許しください。

❹ **Qǐng chī cài!** 请吃菜! どうぞ料理を食べてください。

(3) 来客を見送るとき。

❶ **Nín mànzǒu!** 您慢走! お気をつけて。

② Wǒ xiān zǒu le! 我先走了! お先に失礼いたします。

③ Nǐ shēntǐ hǎo ma? 你身体好吗? お元気ですか。

④ Zuìjìn zěnmeyàng? 最近怎么样? 最近はいかがですか。

(4) 「おめでとう」と言うとき。

❶ **Zhùhè nín!** 祝贺您! おめでとう。

② Máfan nǐ le! 麻烦你了! お手数をお掛けします。

③ Dǎjiǎo nín le! 打搅您了! お邪魔しました。

④ Bàituō nín le! 拜托您了! お願いいたします。

(5) 人の家から帰るとき。

① Dàjiā hǎo! 大家好! 皆さん、こんにちは。

❷ **Dǎjiǎo nín le!** 打搅您了! お邪魔しました。

③ Nǐ máng ma? 你忙吗? お忙しいですか。

④ Hěn hǎo, xièxie! 很好, 谢谢! とても良いです、ありがとうございます。

J (1) 相手の言ったことに賛同するとき。

❶ **Kěbushì ma!** 可不是吗! その通りです。

② Kěyǐ bu kěyǐ? 可以不可以? いいですか。

③ Bú duì! 不对! 違います。

④ Bù xíng! 不行! ダメです。

(2) 贈り物を渡すとき。

① Qǐng jìn! 请进! どうぞ、お入りください。

② Qǐng zuò! 请坐! お掛けください。

③ Qǐng hē chá! 请喝茶！ お茶をどうぞ。

❹ Qǐng shōuxia! 请收下！ お納めください。

(3) 電話相手の名前を尋ねるとき。

① Nǐ shì nǎ guó rén? 你是哪国人？ あなたはどこの国の方ですか。

❷ **Nín shì nǎ wèi?** 您是哪位？ どなたですか。

③ Nǐ qù nǎr? 你去哪儿？ あなたはどこへ行きますか。

④ Nǎr yǒu cèsuǒ? 哪儿有厕所？ どこにトイレがありますか。

(4) 頼み事をするとき。

❶ **Láojià!** 劳驾！ すみません。

② Yǒu rén ma? 有人吗？ 誰かいますか。

③ Yǒu shénme shìr ma? 有什么事儿吗？ 何か用事がありますか。

④ Duì le! 对了！ その通りです。

(5) 「では、のちほど」と言うとき。

① Zàijiàn! 再见！ さようなら。

② Míngtiān jiàn! 明天见！ また明日！

❸ **Huítóu jiàn!** 回头见！ またあとで。

④ Běijīng jiàn! 北京见！ 北京で会いましょう。

K

(1) 相手の前を通るとき。

① Bǐcǐ, bǐcǐ! 彼此，彼此！ こちらこそ。

② Huānyíng, huānyíng! 欢迎，欢迎！ ようこそ！

③ Duōxiè, duōxiè! 多谢，多谢！ どうもありがとうございます。

❹ **Jièguāng, jièguāng!** 借光，借光！ 前を失礼いたします。

(2) 誕生日を祝うとき。

❶ **Zhù nǐ shēngrì kuàilè!** 祝你生日快乐！ 誕生日おめでとう。

② Zhù nǐ shēntǐ jiànkāng! 祝你身体健康！ お元気でありますように。

③ Zhù nǐ xīnnián kuàilè! 祝你新年快乐！ 新年おめでとう。

④ Zhù nǐ yílù píng'ān! 祝你一路平安！ 道中ご無事で。

(3) 道を尋ねるとき。

① Zěnme niàn? 怎么念？ どう読みますか。

② Zěnme xiě? 怎么写？ どう書きますか。

❸ **Zěnme zǒu?** 怎么走？ どう行きますか。

④ Zěnme bàn? 怎么办？ どうしますか。

(4) お客さんを引き止めるとき。

① Zài děng yíhuìr. 再等一会儿。 もう少し待ってください。

② Zài shuō yí biàn! 再说一遍！ もう一度言ってください。

❸ Zài zuò yíhuìr ba. 再坐一会儿吧。 もう少しゆっくりしてください。

④ Zàijiàn. 再见！ さようなら。

(5) 賞賛されたとき。

① Bú kèqi! 不客气！ お構いなく。

② Bú yàojǐn! 不要紧！ 構いません。

③ Bú sòng le! 不送了！ お見送りしませんが。

❹ Bù gǎndāng! 不敢当！ 恐れ入ります。

L

(1) "你吃什么？"と聞かれたとき。

① Hóngchá 红茶 紅茶

② Diànshì 电视 テレビ

③ Bàozhǐ 报纸 新聞

❹ Jiǎozi 饺子 餃子

(2) "你去哪儿？"と尋ねられたとき

① Liángkuai 凉快 涼しい

② Liǎng kuài 两块 2元

❸ Shànghǎi 上海 上海

④ Xiǎoháir 小孩儿 子ども

(3) 年配の人に年齢を尋ねるとき。

① Nǐ jǐ suì le? 你几岁了？ 君は何歳ですか。

② Nín shì nǎr? 您是哪儿？ どちら様ですか。（電話で）

❸ Nín duō dà niánjì le? 您多大年纪了？ おいくつですか。

④ Nín zěnme le? 您怎么了？ どうしましたか。

(4) 店員がお客さんを見送るとき。

① Huānyíng, huānyíng! 欢迎，欢迎！ ようこそ。

② Huānyíng guānglín! 欢迎光临！ ようこそ！

③ Bǐcǐ, bǐcǐ! 彼此，彼此！ こちらこそ。

❹ Huānyíng nín zài lái! 欢迎您再来！ またおいでください。

(5) 「申し訳ありません」と言うとき。

① Hěn hǎo! 很好！ とても元気です。

② Búcuò! 不错！ 素晴らしい。

❸ Hěn bàoqiàn! 很抱歉！ 申し訳ありません。

④ Hái kěyǐ! 还可以！ まあまあです。

第2部

筆 記

1. ピンイン表記
2. 単語のピンインと意味
3. 穴埋め問題
4. 語　順
5. 簡体字表記
6. 日文中訳（語句）

第2部 筆記1 ピンイン表記

出題パターンはコレだ！

〔例題〕次の（1）の中国語の正しいピンイン表記を、それぞれ①〜④の中から1つ選び、その番号を解答欄にマークしなさい。（10点）

(1) 九　　① qiǔ　② xiǔ　③ jiǔ　④ shǒu

〔正解〕③

〔解説〕「九」のピンイン表記は「**jiǔ**」なので③が正解です。

〔狙い〕このカテゴリでは、中国語の正しいピンイン表記を4つの選択肢から選び出すことが求められます。まぎらわしい選択肢が提示されますので、特に以下の表記に注意して正しいものを選びます。
① 軽声となるもの…**什么 shénme**（何）、**名字 míngzi**（名前）など
② 三重母音の表記…**贵 guì**（高い）、**六 liù**（六）など
③ 固有名詞には大文字を使う…**汉语 Hànyǔ**（中国語）、
　　　　　　　　　　　　　　　　日本 Rìběn（日本）など

合格のための攻略ポイント！

1. 声調記号のつけ方の原則
① **a** があれば逃さずに、
② **a** がなければ、**o** か **e** を探し、
③ **i** と **u** が並べば後ろにつけて、
④ 母音1つは迷わずに。

2. 前に子音がある場合とない場合の表記

三重母音の **iou**、**uei**、**uen** の表記は要注意です。
iou、**uei**、**uen** の前に子音がある場合は、真ん中の母音が弱くなるため、つづりから消えます。

〔i のグループ〕

子音あり	i	ia	ie	iao	(iou)	ian	in	iang	ing	iong
実際の表記	〃	〃	〃	〃	**iu**	〃	〃	〃	〃	〃
子音なし	yi	ya	ye	yao	you	yan	yin	yang	ying	yong

〔u のグループ〕

子音あり	u	ua	uo	uai	(uei)	uan	(uen)	uang	ueng
実際の表記	〃	〃	〃	〃	ui	〃	un	〃	〃
子音なし	wu	wa	wo	wai	wei	wan	wen	wang	weng

用例：

   h ＋ uei ＝ huì　（**会**：できる）
   d ＋ uei ＝ duì　（**対**：正しい）
   g ＋ uei ＝ guì　（**贵**：値段が高い）
   s ＋ uei ＝ suì　（**岁**：歳）
   z ＋ uei ＝ zuì　（**最**：最も）

   l ＋ iou ＝ liù　（**六**：六）
   j ＋ iou ＝ jiǔ　（**九**：九、**酒**：酒、**久**：久）
   x ＋ iou ＝ xiū　（**休**：休む）
   q ＋ iou ＝ qiū　（**秋**：秋）
   n ＋ iou ＝ niú　（**牛**：牛）

   k ＋ uen ＝ kùn　（**困**：眠い）
   c ＋ uen ＝ cūn　（**村**：村）
   h ＋ uen ＝ hūn　（**婚**：結婚）
   ch ＋ uen ＝ chūn　（**春**：春）
   s ＋ uen ＝ sūn　（**孙**：孫）

〔ü のグループ〕

子音あり	ü	üe	üan	ün
子音なし	yu	yue	yuan	yun

3. i と ü の上の点の省略：

 ① i の上に声調記号が来る場合は上の**点は省略**する。（例：yī、yí、yǐ、yì）
 ② ü のグループに子音がつかない場合、母音の前に y を足し、上の二つの**点は省略**する。
  用例：魚：**鱼** yú、月：**月** yuè、遠い：**远** yuǎn、雲：**云** yún。

③ 子音 j、q、x の後に ü が来る場合、上の二つの点は省略する。
　　用例：軍：**军** jūn、行く：**去** qù、学ぶ：**学** xué、雪：**雪** xuě。
④ 子音 n、l の後に ü が来る場合、上の二つの点は省略できない。子音 n と l の後には母音 u が来る場合もあるため。
　　用例：緑：**绿** lǜ ↔ みち：**路** lù、女：**女** nǚ ↔ 努：**努** nǔ

4. **固有名詞の表記：**
　固有名詞のピンインの頭文字は大文字にすること。
　　用例：アメリカ：**美国** Měiguó
　　　　　日　本：**日本** Rìběn
　　　　　北　京：**北京** Běijīng
　　　　　上　海：**上海** Shànghǎi
　　　　　中 国 語：**汉语** Hànyǔ

5. **「'」隔音記号：**
　a、o、e で始まる音節が続く場合、前の音節との間に「'」（隔音記号）をつけて、切れ目を表します。
　　用例：「kě'ài」**可爱**（かわいい）「Xī'ān」**西安**（西安）

練習ドリル 1

1回目	2回目	3回目
/40	/40	/40

31〜40点　その調子で！
21〜30点　もう少し！
0〜20点　がんばろう！

下記の中国語の正しいピンイン表記を、それぞれ①〜②から選びなさい。

A (1) 爱人　　① àiren　　② àilen
　 (2) 教室　　① jiàoshī　② jiàoshì
　 (3) 杯子　　① bèizi　　② bēizi
　 (4) 怎么　　① zhème　② zěnme
　 (5) 饺子　　① jiǎozi　　② qiǎozì
　 (6) 眼睛　　① yǎnjìng　② yǎnjing
　 (7) 地方　　① dìfang　② dìfàn
　 (8) 地图　　① dìtù　　② dìtú
　 (9) 点心　　① diǎnxin　② diǎnxīng
　(10) 报纸　　① baozi　② bàozhǐ

B (1) 孩子　　① háizi　　② huízi
　 (2) 杂志　　① záshì　② zázhì
　 (3) 儿子　　① érzi　　② érci
　 (4) 六　　　① liòu　　② liù
　 (5) 觉得　　① juéde　② juédei
　 (6) 会　　　① huì　　② huèi
　 (7) 耳朵　　① ěrdōu　② ěrduo
　 (8) 谁　　　① shuí　　② shuǐ
　 (9) 肚子　　① tùzi　　② dùzi
　(10) 酒　　　① jiǔ　　　② jiǒu

C (1) 大夫　　① dàfu　　② dàifu
　 (2) 问　　　① wěn　　② wèn
　 (3) 父亲　　① fùqin　② fùjìn
　 (4) 高兴　　① gāoxīn　② gāoxìng
　 (5) 还是　　① háishi　② huàishì
　 (6) 大学　　① dàxué　② dàxuě
　 (7) 打算　　① dǎsuan　② dàsuàn
　 (8) 认识　　① rénshì　② rènshi
　 (9) 房子　　① fāngzi　② fángzi
　(10) 小时　　① xiǎoshì　② xiǎoshí

D (1) 东边　　① dōngbian　② dōngbiān
　 (2) 说　　　① suō　　② shuō
　 (3) 工夫　　① kōngfu　② gōngfu
　 (4) 红茶　　① hóngchá　② huángchá
　 (5) 聪明　　① chōngmíng　② cōngming
　 (6) 非常　　① fēicháng　② féicháng
　 (7) 等　　　① dēng　　② děng
　 (8) 听　　　① tīng　　② tīn
　 (9) 床　　　① chuán　② chuáng
　(10) 公司　　① gōngzī　② gōngsī

第2部　筆記 ❶

模擬テスト 1 解答用紙

点数 /60

46〜60点　その調子で！
31〜45点　もう少し！
0〜30点　がんばろう！

次の中国語の正しいピンイン表記を、それぞれ①〜④の中から1つ選びなさい。

A (1)：一　　① yú　② yī　③ yí　④ yì
　(2)：七　　① xī　② sī　③ qī　④ shī
　(3)：九　　① jiǒu　② qiū　③ xiū　④ jiǔ
　(4)：十　　① shí　② shì　③ sì　④ chī
　(5)：老师　① lǎoshi　② lǎoshī　③ lǎoshì　④ lǎosì

B (1)：学生　① xiěshēng　② shuōshēng　③ xuésheng　④ shūshēng
　(2)：词典　① qīdiǎn　② chīdiǎn　③ qītiān　④ cídiǎn
　(3)：椅子　① yìsi　② yǐzi　③ shìzi　④ sìzi
　(4)：本子　① běnzi　② bēizi　③ bèizi　④ bènzì
　(5)：贵　　① huì　② duì　③ guì　④ suì

C (1)：漂亮　① piàoliang　② pǎole　③ bāole　④ piāoyáng
　(2)：新　　① qīn　② jīn　③ xīn　④ xīng
　(3)：热　　① lè　② è　③ hē　④ rè
　(4)：凉快　① liǎngkuài　② liángkuai　③ liángcài　④ liǎcài
　(5)：暖和　① nuǎnhuō　② nuǎnhuo　③ nánhē　④ nánshuō

D (1)：快　　① guài　② kuài　③ guì　④ guèi
　(2)：少　　① xiǎo　② xiào　③ shāo　④ shǎo
　(3)：对　　① duèi　② tuì　③ duì　④ tuèi
　(4)：英语　① yínyú　② Yínyú　③ yīngyǔ　④ Yīngyǔ
　(5)：北京　① Běijīng　② Bǎibìng　③ běijīng　④ bǎibìng

E	(1)：西安	① xiān	② xīan	③ xī'ān	④ Xī'ān
	(2)：汉语	① hànyǔ	② Hànyǔ	③ hànyǔ	④ Hànyǔ
	(3)：电脑	① diànshǎo	② diànhǎo	③ diànnǎo	④ diànxiǎo
	(4)：火车	① zuòchē	② huòchē	③ huànchē	④ huǒchē
	(5)：电话	① diànshì	② diànhuà	③ diǎnhuǒ	④ niánhuà
F	(1)：岁	① shuǐ	② shuí	③ suì	④ suèi
	(2)：写	① xié	② xiě	③ yé	④ xué
	(3)：走	① zòu	② zǒu	③ shǒu	④ shòu
	(4)：去	① qǔ	② qù	③ xù	④ xǚ
	(5)：看	① gàn	② kàng	③ kàn	④ hàn
G	(1)：唱	① cháng	② chàng	③ zhāng	④ zhàng
	(2)：坐	① zuò	② zuǒ	③ cuò	④ zǒu
	(3)：送	① sōng	② sòng	③ xióng	④ xíng
	(4)：吃	① qí	② chǐ	③ qǐ	④ chī
	(5)：喝	① hǔ	② huǒ	③ hē	④ gē
H	(1)：听	① dīng	② tīng	③ bìng	④ yìng
	(2)：客气	① kèqì	② héqi	③ kèqi	④ héqí
	(3)：姓	① xīng	② xìng	③ yīng	④ yìng
	(4)：叫	① jiǎo	② xiǎo	③ jiào	④ xiào
	(5)：买	① mài	② méi	③ mǎi	④ gěi

I	(1)：明白	① míngbái	② mingbai	③ míngbai	④ mingbái
	(2)：知道	① chīdào	② chídào	③ zhīdao	④ zhītao
	(3)：休息	① xiūqī	② xiūxi	③ xiōuxi	④ xiōuqī
	(4)：问	① wùn	② wèn	③ wǔn	④ wěn
	(5)：要	① yiào	② yào	③ yǒu	④ yiǒu
J	(1)：枝	① zì	② zhī	③ chī	④ shì
	(2)：张	① zāng	② zhāng	③ cáng	④ cháng
	(3)：书	① shú	② shǔ	③ shù	④ shū
	(4)：雨	① yú	② yǔ	③ yǔ	④ yǔ
	(5)：想	① xiāng	② xiān	③ xiǎng	④ xiǎn
K	(1)：也	① yiě	② yě	③ yé	④ yié
	(2)：都	① dōu	② tōu	③ diū	④ diōu
	(3)：月	① yuè	② yüè	③ xiě	④ xüé
	(4)：东西	① dōngxi	② gōngxǐ	③ gānxǐ	④ guānxi
	(5)：名字	① míngcí	② míngzi	③ míngzhì	④ míngcì
L	(1)：西	① qī	② jī	③ xī	④ sī
	(2)：外语	① wàiguó	② wàirén	③ wàiyǔ	④ wàiyù
	(3)：星期	① xiǎngqǐ	② xiūxi	③ xīngqī	④ xiǎngqīn
	(4)：次	① chì	② cì	③ zì	④ sì
	(5)：多少	① dàxiǎo	② duōchǎo	③ duōshao	④ dǎsǎo

練習ドリル 1 解答と解説

※白ヌキ数字のものが正解です。

A
- (1) 爱人　❶ àiren（配偶者）　② àilen
- (2) 教室　① jiàoshī（教师…教師）　❷ jiàoshì（教室）
- (3) 杯子　① bèizi（被子…掛け布団）　❷ bēizi（コップ）
- (4) 怎么　① zhème（这么…このように）　❷ zěnme（どのように）
- (5) 饺子　❶ jiǎozi（餃子）　② qiǎozì
- (6) 眼睛　① yǎnjìng（眼镜…眼鏡）　❷ yǎnjing（目）
- (7) 地方　❶ dìfang（ところ）　② dìfàn
- (8) 地图　① dìtù　❷ dìtú（地図）
- (9) 点心　❶ diǎnxin（菓子）　② diǎnxīng
- (10) 报纸　① bāozi（包子…中華饅頭）　❷ bàozhǐ（新聞）

B
- (1) 孩子　❶ háizi（子供）　② huízi
- (2) 杂志　① záshì（杂事…雑用）　❷ zázhì（雑誌）
- (3) 儿子　❶ érzi（息子）　② érci
- (4) 六　① liòu　❷ liù（6）
- (5) 觉得　❶ juéde（感じる）　② juédei
- (6) 会　❶ huì（できる）　② huèi
- (7) 耳朵　① ěrdōu　❷ ěrduo（耳）
- (8) 谁　❶ shuí（誰）　② shuǐ（水…水）
- (9) 肚子　① tùzi（兔子…ウサギ）　❷ dùzi（お腹）
- (10) 酒　❶ jiǔ（酒）　② jiǒu

C (1)	大夫	① dàfu	❷ dàifu（医者）
(2)	问	① wěn（吻…接吻する）	❷ wèn（尋ねる、聞く）
(3)	父亲	❶ fùqin（お父さん）	② fùjìn（附近…付近）
(4)	高兴	① gāoxīn（高薪…高給）	❷ gāoxìng（喜ぶ）
(5)	还是	❶ háishi（それとも）	② huàishì（坏事…悪いこと）
(6)	大学	❶ dàxué（大学）	② dàxuě（大雪…大雪）
(7)	打算	❶ dǎsuan（…するつもりだ）	② dàsuàn（大蒜…ニンニク）
(8)	认识	① rénshì（人事…人事）	❷ rènshi（面識がある）
(9)	房子	① fāngzi	❷ fángzi（家）
(10)	小时	① xiǎoshì（小事…小さいこと）	❷ xiǎoshí（時間）
D (1)	东边	❶ dōngbian（東）	② dōngbiān
(2)	说	① suō（缩…縮まる）	❷ shuō（話す）
(3)	工夫	① kōngfu	❷ gōngfu（暇）
(4)	红茶	❶ hóngchá（紅茶）	② huángchá
(5)	聪明	① chōngmíng	❷ cōngming（賢い）
(6)	非常	❶ fēicháng（非常に）	② féicháng（肥肠…豚の大腸）
(7)	等	① dēng（灯…明かり）	❷ děng（待つ）
(8)	听	❶ tīng（聞く）	② tīn
(9)	床	① chuán（船…船）	❷ chuáng（ベッド）
(10)	公司	① gōngzī（工资…給料）	❷ gōngsī（会社）

模擬テスト 1 解答

※白ヌキ数字のものが正解です。

		①	②	③	④
A	(1) 一	① yú	**❷ yī**	③ yí	④ yì
	(2) 七	① xī	② sī	**❸ qī**	④ shī
	(3) 九	① jiǒu	② qiū	③ xiū	**❹ jiǔ**
	(4) 十	**❶ shí**	② shì	③ sì	④ chī
	(5) 老师	① lǎoshi	**❷ lǎoshī**	③ lǎoshì	④ lǎosì
B	(1) 学生	① xiěshēng	② shuōshēng	**❸ xuésheng**	④ shūshēng
	(2) 词典	① qīdiǎn	② chīdiǎn	③ qītiān	**❹ cídiǎn**
	(3) 椅子	① yìsi	**❷ yǐzi**	③ shìzi	④ sìzi
	(4) 本子	**❶ běnzi**	② bēizi	③ bèizi	④ bènzì
	(5) 贵	① huì	② duì	**❸ guì**	④ suì
C	(1) 漂亮	**❶ piàoliang**	② pǎole	③ bāole	④ piāoyáng
	(2) 新	① qīn	② jīn	**❸ xīn**	④ xīng
	(3) 热	① lè	② è	③ hē	**❹ rè**
	(4) 凉快	① liǎngkuài	**❷ liángkuai**	③ liángcài	④ liǎcài
	(5) 暖和	① nuǎnhuò	**❷ nuǎnhuo**	③ nánhē	④ nánshuō
D	(1) 快	① guài	**❷ kuài**	③ guì	④ guèi
	(2) 少	① xiǎo	② xiào	③ shāo	**❹ shǎo**
	(3) 对	① duèi	② tuì	**❸ duì**	④ tuèi
	(4) 英语	① yínyú	② Yínyú	③ yīngyǔ	**❹ Yīngyǔ**
	(5) 北京	**❶ Běijīng**	② Bǎibìng	③ běijīng	④ bǎibìng

第2部 筆記 ❶

E	(1) 西安	① xiān	② xīān	③ xī'ān	❹ **Xī'ān**
	(2) 汉语	① hànyǔ	❷ **Hànyǔ**	③ hànyǔ	④ Hànyǔ
	(3) 电脑	① diànshǎo	② diànhǎo	❸ **diànnǎo**	④ diànxiǎo
	(4) 火车	① zuòchē	② huòchē	③ huànchē	❹ **huǒchē**
	(5) 电话	① diànshì	❷ **diànhuà**	③ diǎnhuǒ	④ niánhuà
F	(1) 岁	① shuǐ	② shuí	❸ **suì**	④ suèi
	(2) 写	① xié	❷ **xiě**	③ yé	④ xué
	(3) 走	① zòu	❷ **zǒu**	③ shǒu	④ shòu
	(4) 去	① qǔ	❷ **qù**	③ xù	④ xǔ
	(5) 看	① gàn	② kàng	❸ **kàn**	④ hàn
G	(1) 唱	① cháng	❷ **chàng**	③ zhāng	④ zhàng
	(2) 坐	❶ **zuò**	② zuǒ	③ cuò	④ zǒu
	(3) 送	① sōng	❷ **sòng**	③ xióng	④ xíng
	(4) 吃	① qí	② chǐ	③ qǐ	❹ **chī**
	(5) 喝	① hǔ	② huǒ	❸ **hē**	④ gē
H	(1) 听	① dīng	❷ **tīng**	③ bìng	④ yìng
	(2) 客气	① kèqì	② héqi	❸ **kèqi**	④ héqí
	(3) 姓	① xīng	❷ **xìng**	③ yīng	④ yìng
	(4) 叫	① jiǎo	② xiǎo	❸ **jiào**	④ xiào
	(5) 买	① mài	② méi	❸ **mǎi**	④ gěi

I	(1) 明白	① míngbái	② mingbai	❸ **míngbai**	④ mingbái
	(2) 知道	① chīdào	② chídào	❸ **zhīdao**	④ zhītao
	(3) 休息	① xiūqī	❷ **xiūxi**	③ xiōuxi	④ xiōuqī
	(4) 问	① wùn	❷ **wèn**	③ wǔn	④ wěn
	(5) 要	① yiào	❷ **yào**	③ yǒu	④ yiǒu
J	(1) 枝	① zì	❷ **zhī**	③ chī	④ shì
	(2) 张	① zāng	❷ **zhāng**	③ cáng	④ cháng
	(3) 书	① shú	② shǔ	③ shù	❹ **shū**
	(4) 雨	① yú	② yú	❸ **yǔ**	④ yǔ
	(5) 想	① xiāng	② xiān	❸ **xiǎng**	④ xiǎn
K	(1) 也	① yiě	❷ **yě**	③ yé	④ yié
	(2) 都	❶ **dōu**	② tōu	③ diū	④ diōu
	(3) 月	❶ **yuè**	② yüè	③ xiě	④ xüé
	(4) 东西	❶ **dōngxi**	② gōngxǐ	③ gānxǐ	④ guānxi
	(5) 名字	① míngcí	❷ **míngzi**	③ míngzhì	④ míngcì
L	(1) 西	① qī	② jī	❸ **xī**	④ sī
	(2) 外语	① wàiguó	② wàirén	❸ **wàiyǔ**	④ wàiyù
	(3) 星期	① xiǎngqǐ	② xiūxi	❸ **xīngqī**	④ xiāngqīn
	(4) 次	① chì	❷ **cì**	③ zì	④ sì
	(5) 多少	① dàxiǎo	② duōchǎo	❸ **duōshao**	④ dǎsǎo

第2部 筆記2 単語のピンインと意味

出題パターンはコレだ!

〔例題〕次の(6)の中国語の発音と意味がともに正しいものを、それぞれ①〜④の中から1つ選び、その番号を解答欄にマークしなさい。(10点)

(6) 报纸　　① bāozi　　新聞
　　　　　② bāozǐ　　レポート
　　　　　③ bàozhǐ　　新聞
　　　　　④ bàozhǐ　　レポート

〔正解〕③

〔解説〕「报纸」は日本語で「新聞」という意味で、発音は「bàozhǐ」です。

〔狙い〕このカテゴリでは、中国語の単語の発音だけでなく、意味を正確に覚えているかどうかを問われます。

これまで複数回出題された語句には、以下のようなものがあります。

①名　詞…家族関連：**姐姐** jiějie（姉）、**爷爷** yéye（祖父）
　　　　時間関連：**后天** hòutiān（あさって）、**上午** shàngwǔ（午前）
　　　　そ の 他：**医生** yīshēng（医者）、**车站** chēzhàn（駅）、
　　　　　　　　　作业 zuòyè（宿題）など
②動　詞…**上课** shàng kè（授業に出る）、**回家** huíjiā（家に帰る）、
　　　　　坐 zuò（座る）など
③形容詞…**快** kuài（早い）、**热闹** rènao（にぎやかである）、
　　　　　凉快 liángkuai（涼しい）など

合格のための攻略ポイント!

1. 中国語の単語は漢字と発音（ピンイン表記）と日本語の意味の三つを1組として覚えていかなければなりません。漢字を見たら、ピンインと日本語の意味を、日本語を見たら中国語の漢字とピンインを、ピンインを見たら漢字と日本語の意味を思い出せるように繰り返し練習しましょう。
2. 単語はグループごとに、関連づけて覚えるのが効率的です。家族、数、時間、学校、気候などに分けて覚えましょう。

練習ドリル 2

1回目	2回目	3回目
/40	/40	/40

31〜40点　その調子で！
21〜30点　もう少し！
0〜20点　がんばろう！

中国語の発音が正しいものを、それぞれ①〜②の中から1つ選びなさい。

A (1) 东西　　① tōngxī　　② dōngxi

　(2) 地方　　① dìfang　　② dìfan

　(3) 香蕉　　① xiānjiāo　　② xiāngjiāo

　(4) 钥匙　　① yàoshi　　② yàoshì

　(5) 游泳　　① yóuyǒng　　② yǒuyòng

　(6) 词典　　① zìdiǎn　　② cídiǎn

　(7) 休息　　① xiāoxi　　② xiūxi

　(8) 下班　　① xiàbān　　② xiàbian

　(9) 下课　　① xiàkè　　② xiàge

　(10) 小时　　① xiǎoshì　　② xiǎoshí

B (1) 生活　　① shēnghuǒ　　② shēnghuó

　(2) 参加　　① cānjiā　　② chānjiǎ

　(3) 厕所　　① chēsuǒ　　② cèsuǒ

　(4) 冬天　　① tōngtiān　　② dōngtiān

　(5) 附近　　① fùjìn　　② fùqin

　(6) 公司　　① gōngshì　　② gōngsī

　(7) 孩子　　① háizi　　② háishi

　(8) 机场　　① qīchǎng　　② jīchǎng

　(9) 老师　　① lǎoshī　　② lǎoshì

　(10) 高兴　　① gāoxīn　　② gāoxìng

第2部　筆記 ❷

中国語の意味が正しいものを、それぞれ①〜②の中から1つ選びなさい。

C
(1) **眼镜** yǎnjìng　　① 目　　② 眼鏡
(2) **中午** zhōngwǔ　　① 正午　　② 午後
(3) **电视** diànshì　　① パソコン　　② テレビ
(4) **本子** běnzi　　① ノート　　② 本
(5) **窗户** chuānghu　　① 窓　　② 扉
(6) **汽车** qìchē　　① 自動車　　② 汽車
(7) **房间** fángjiān　　① 家　　② 部屋
(8) **照相** zhàoxiàng　　① 写真を撮る　　② 写真
(9) **好看** hǎokàn　　① 美しい　　② 見るのが好きだ
(10) **觉得** juéde　　① 思う　　② 得る

D
(1) **看见** kànjian　　① 会う　　② 見える
(2) **毛衣** máoyī　　① 毛皮付きの服　　② セーター
(3) **面包** miànbāo　　① パン　　② 麺
(4) **便宜** piányi　　① 便利である　　② 安い
(5) **裙子** qúnzi　　① スカート　　② ズボン
(6) **网球** wǎngqiú　　① 野球　　② テニス
(7) **洗澡** xǐzǎo　　① 泳ぐ　　② 入浴する
(8) **怎么** zěnme　　① このように　　② どのように
(9) **意思** yìsi　　① 意味　　② 面白い
(10) **舒服** shūfu　　① 都合がいい　　② 気分がいい

模擬テスト 2 解答用紙

点数 ／60

46〜60点 その調子で！
31〜45点 もう少し！
0〜30点 がんばろう！

中国語の発音と意味がともに正しいものを、それぞれについて示してある①〜④の中から1つ選びなさい。

A (1): **看报**
① kànbào　新聞を読む
② gànbào　新聞を読む
③ kànbào　報告書を読む
④ gànbào　報告書を読む

(2): **地方**
① dìfang　地方
② xīfāng　地方
③ dìfang　ところ
④ xīfāng　ところ

(3): **作业**
① zuòyè　宿題
② zuòyè　練習
③ zhuòyè　宿題
④ zhuòyè　練習

(4): **怎么**
① zhème　このように
② zhème　どのように
③ zěnme　このように
④ zěnme　どのように

(5): **正在**
① céngzài　…している
② céngzài　かつて…で
③ zhèngzài　…している
④ zhèngzài　かつて…で

B (1): **晚上**
① wǎngshang　遅い
② wǎngshang　夜
③ wǎnshang　遅い
④ wǎnshang　夜

(2): **姐姐**
① yéye　外祖母
② yéye　お姉さん
③ jiějie　外祖母
④ jiějie　お姉さん

(3): **女儿**
① nǚren　子女
② nǚ'ér　娘
③ nǚ'ér　子女
④ nǚren　娘

(4): **爱人**
① áirén　愛人
② áirén　配偶者
③ àiren　愛人
④ àiren　配偶者

(5): **电脑**
① diànnǎo　パソコン
② diànnǎo　ロボット
③ diànbào　パソコン
④ diànbào　ロボット

C (1)：先生　① xuésheng　教師

　　　　　② xuésheng　～さん

　　　　　③ xiānsheng　教師

　　　　　④ xiānsheng　～さん

　(2)：四点一刻　① shídiǎnyíkè　4時15分

　　　　　② shídiǎnyíkè　4時05分

　　　　　③ sìdiǎnyíkè　4時15分

　　　　　④ sìdiǎnyíkè　4時05分

　(3)：小时　① xiǎoshì　幼い

　　　　　② xiǎoshì　時間

　　　　　③ xiǎoshí　幼い

　　　　　④ xiǎoshí　時間

　(4)：上班　① shàngbān　出勤する

　　　　　② shàngbian　出勤する

　　　　　③ shàngbān　授業に出る

　　　　　④ shàngbian　授業に出る

　(5)：足球　① zhúqiú　サッカー

　　　　　② zúqiú　サッカー

　　　　　③ zhúqiú　テニス

　　　　　④ zúqiú　テニス

D (1)：手机　① xiǎoqi　携帯電話

　　　　　② shǒujī　携帯電話

　　　　　③ xiǎoqi　茶卓

　　　　　④ shǒujī　茶卓

　(2)：师傅　① shīfu　先生

　　　　　② shīfu　伝える

　　　　　③ xífur　先生

　　　　　④ xífur　伝える

　(3)：牛奶　① nǎiniú　牛乳

　　　　　② nǎiniú　乳牛

　　　　　③ niúnǎi　牛乳

　　　　　④ niúnǎi　乳牛

　(4)：便宜　① biānyì　安い

　　　　　② biānyì　便利である

　　　　　③ piányi　安い

　　　　　④ piányi　便利である

　(5)：觉得　① juéde　覚える

　　　　　② juéde　…と思う

　　　　　③ quēdé　覚える

　　　　　④ quēdé　…と思う

E (1)：热闹　①rècháo　にぎやか
　　　　　　②rècháo　うるさい
　　　　　　③rènao　にぎやか
　　　　　　④rènao　うるさい

(2)：车站　①zhèzhàn　プラットホーム
　　　　　②chēzhàn　駅
　　　　　③zhèzhàn　駅
　　　　　④chēzhàn　プラットホーム

(3)：告诉　①gàosu　知らせる
　　　　　②gàoshi　告訴する
　　　　　③gàosu　告訴する
　　　　　④gàoshi　知らせる

(4)：打算　①dàsuàn　足し算
　　　　　②dǎsuan　…するつもり
　　　　　③dàsuàn　…するつもり
　　　　　④dǎsuan　足し算

(5)：工作　①gōngzī　製作
　　　　　②gōngzī　仕事
　　　　　③gōngzuò　製作
　　　　　④gōngzuò　仕事

F (1)：公司　①gōngsī　会社
　　　　　　②gōngshì　会社
　　　　　　③gōngsī　公務
　　　　　　④gōngshì　公務

(2)：马上　①mǎshàng　すぐに
　　　　　②mǎshang　すぐに
　　　　　③mǎshàng　馬上
　　　　　④mǎshang　馬上

(3)：哪个　①nǎge　どれ
　　　　　②nàge　どれ
　　　　　③nǎge　あれ
　　　　　④nàge　あれ

(4)：坐车　①cuòchē　乗用車
　　　　　②cuòchē　車に乗る
　　　　　③zuòchē　乗用車
　　　　　④zuòchē　車に乗る

(5)：汽车　①qíchē　汽車
　　　　　②qíchē　自動車
　　　　　③qìchē　汽車
　　　　　④qìchē　自動車

G (1)：走　①zǒu　走る
　　　　②zuǒ　走る
　　　　③zǒu　歩く
　　　　④zuǒ　歩く

(2)：快　①kuài　気持ちがいい
　　　　②kuài　速い
　　　　③guài　気持ちがいい
　　　　④guài　速い

(3)：汤　①tāng　お湯
　　　　②tāng　スープ
　　　　③táng　お湯
　　　　④táng　スープ

(4)：生日　①xíngli　学生の日
　　　　②xíngli　誕生日
　　　　③shēngri　学生の日
　　　　④shēngri　誕生日

(5)：早饭　①chǎofàn　食事が早い
　　　　②chǎofàn　朝食
　　　　③zǎofàn　食事が早い
　　　　④zǎofàn　朝食

H (1)：小姐　①xiǎojie　おねえさん
　　　　②xiǎojie　娘
　　　　③xiǎoxié　おねえさん
　　　　④xiǎoxié　娘

(2)：颜色　①yánsè　顔色
　　　　②yánsè　色
　　　　③lánsè　顔色
　　　　④lánsè　色

(3)：照片　①zhàopiàn　写真
　　　　②zhàopiàn　フィルム
　　　　③jiāopiàn　写真
　　　　④jiāopiàn　フィルム

(4)：猪　①chū　イノシシ
　　　　②chū　ブタ
　　　　③zhū　イノシシ
　　　　④zhū　ブタ

(5)：下课　①xiàkè　授業が終わる
　　　　②xiàge　授業が終わる
　　　　③xiàkè　仕事が終わる
　　　　④xiàge　仕事が終わる

I (1)：前天　① qiántiān　一昨日
　　　　　　② qiántián　一昨日
　　　　　　③ qiántiān　明後日
　　　　　　④ qiántián　明後日

(2)：工夫　① gōngfu　時間
　　　　　② gōngfu　労働者
　　　　　③ yōnghù　時間
　　　　　④ yōnghù　労働者

(3)：大夫　① dàifu　丈夫
　　　　　② dàifu　医者
　　　　　③ zhàngfu　丈夫
　　　　　④ zhàngfu　医者

(4)：手表　① shǒubiǎo　手のひら
　　　　　② shǒubiǎo　腕時計
　　　　　③ shōupiào　手のひら
　　　　　④ shōupiào　腕時計

(5)：彼此　① bǐcǐ　彼ら
　　　　　② bízi　彼ら
　　　　　③ bǐcǐ　こちらこそ
　　　　　④ bízi　こちらこそ

J (1)：喝　① hé　飲む
　　　　　② hé　のどが渇く
　　　　　③ hē　飲む
　　　　　④ hē　のどが渇く

(2)：面条　① miǎnpiào　麺
　　　　　② miàntiáo　麺
　　　　　③ miǎnpiào　パン
　　　　　④ miàntiáo　パン

(3)：奶奶　① lǎolao　おばあさん
　　　　　② nǎinai　おばあさん
　　　　　③ jiějie　お姉さん
　　　　　④ mèimei　お姉さん

(4)：毛衣　① máoyī　毛皮
　　　　　② màoyì　毛皮
　　　　　③ máoyī　セーター
　　　　　④ màoyì　セーター

(5)：可以　① kèqi　…してもいい
　　　　　② kěyǐ　…してもいい
　　　　　③ kèqi　…を以って
　　　　　④ kěyǐ　…を以って

K	(1)：**大家**	① dàjiā	皆さん	L	(1)：**号码**	① hǎoma	番号
		② tājiā	皆さん			② hǎoma	順番
		③ dàjiā	大家さん			③ hàomǎ	番号
		④ tājiā	大家さん			④ hàomǎ	順番
	(2)：**孩子**	① érzi	子ども		(2)：**医生**	① yīshēng	医者
		② háizi	子ども			② yìshēng	医者
		③ érzi	息子			③ yīshēng	医学生
		④ háizi	息子			④ yìshēng	医学生
	(3)：**事情**	① shìqing	用事		(3)：**苹果**	① píngguǒ	果物
		② xìqìng	用事			② jīngguò	果物
		③ shìqing	事実			③ jīngguò	リンゴ
		④ xìqìng	事実			④ píngguǒ	リンゴ
	(4)：**小心**	① xiǎoxīn	気をつける		(4)：**玩儿**	① wánr	遊ぶ
		② xiǎoxīn	気が小さい			② wánr	いたずらっ子
		③ xiàoxīn	気をつける			③ wǎn'ěr	遊ぶ
		④ xiàoxīn	気が小さい			④ wǎn'ěr	いたずらっ子
	(5)：**可乐**	① kěle	楽しい		(5)：**放心**	① fāngxíng	安心する
		② kělè	楽しい			② fāngxíng	失神する
		③ kěle	コーラ			③ fàngxīn	安心する
		④ kělè	コーラ			④ fàngxīn	失神する

練習ドリル 2　解答

※白ヌキ数字のものが正解です。

A
(1)	东西	① tōngxī	**❷ dōngxi**
(2)	地方	**❶ dìfang**	② dìfan
(3)	香蕉	① xiānjiāo	**❷ xiāngjiāo**
(4)	钥匙	**❶ yàoshi**	② yàoshì
(5)	游泳	**❶ yóuyǒng**	② yǒuyòng
(6)	词典	① zìdiǎn	**❷ cídiǎn**
(7)	休息	① xiāoxi	**❷ xiūxi**
(8)	下班	**❶ xiàbān**	② xiàbian
(9)	下课	**❶ xiàkè**	② xiàge
(10)	小时	① xiǎoshì	**❷ xiǎoshí**

B
(1)	生活	① shēnghuǒ	**❷ shēnghuó**
(2)	参加	**❶ cānjiā**	② chānjiǎ
(3)	厕所	① chēsuǒ	**❷ cèsuǒ**
(4)	冬天	① tōngtiān	**❷ dōngtiān**
(5)	附近	**❶ fùjìn**	② fùqin
(6)	公司	① gōngshì	**❷ gōngsī**
(7)	孩子	**❶ háizi**	② háishi
(8)	机场	① qīchǎng	**❷ jīchǎng**
(9)	老师	**❶ lǎoshī**	② lǎoshì
(10)	高兴	① gāoxīn	**❷ gāoxìng**

C (1)	眼镜 yǎnjìng	①目	❷眼鏡
(2)	中午 zhōngwǔ	❶正午	②午後
(3)	电视 diànshì	①パソコン	❷テレビ
(4)	本子 běnzi	❶ノート	②本
(5)	窗户 chuānghu	❶窓	②扉
(6)	汽车 qìchē	❶自動車	②汽車
(7)	房间 fángjiān	①家	❷部屋
(8)	照相 zhàoxiàng	❶写真を撮る	②写真
(9)	好看 hǎokàn	❶美しい	②見るのが好きだ
(10)	觉得 juéde	❶思う	②得る
D (1)	看见 kànjian	①会う	❷見える
(2)	毛衣 máoyī	①毛皮付きの服	❷セーター
(3)	面包 miànbāo	❶パン	②麺
(4)	便宜 piányi	①便利である	❷安い
(5)	裙子 qúnzi	❶スカート	②ズボン
(6)	网球 wǎngqiú	①野球	❷テニス
(7)	洗澡 xǐzǎo	①泳ぐ	❷入浴する
(8)	怎么 zěnme	①このように	❷どのように
(9)	意思 yìsi	❶意味	②面白い
(10)	舒服 shūfu	①都合がいい	❷気分がいい

模擬テスト2 解答と解説

※白ヌキ数字のものが正解です。

A (1)	看报	❶ kàn bào	新聞を読む	kàn は有気音。
(2)	地方	❸ dìfang	ところ	軽声で終わる。
(3)	作业	❶ zuòyè	宿題	
(4)	怎么	❹ zěnme	どのように	
(5)	正在	❸ zhèngzài	…している	
B (1)	晚上	❹ wǎnshang	夜	
(2)	姐姐	❹ jiějie	お姉さん	
(3)	女儿	❷ nǚ'ér	娘	
(4)	爱人	❹ àiren	配偶者	
(5)	电脑	❶ diànnǎo	パソコン	
C (1)	先生	❹ xiānsheng	～さん	男性に対する敬称。
(2)	四点一刻	❸ sìdiǎnyíkè	4時15分	
(3)	小时	❹ xiǎoshí	時間	
(4)	上班	❶ shàngbān	出勤する	
(5)	足球	❷ zúqiú	サッカー	
D (1)	手机	❷ shǒujī	携帯電話	"手"はそり舌音。
(2)	师傅	❶ shīfu	先生	"师"はそり舌音。呼びかけに使う。
(3)	牛奶	❸ niúnǎi	牛乳	
(4)	便宜	❸ piányi	安い	"便宜"の"便"は有気音。
(5)	觉得	❷ juéde	…と思う	"觉得"の"觉"は無気音で、"得"は軽声。

E	(1)	热闹	❸ rènao	にぎやか	
	(2)	车站	❷ chēzhàn	駅	"车"は有気音。
	(3)	告诉	❶ gàosu	知らせる	日本語とは意味が違う。
	(4)	打算	❷ dǎsuan	…するつもり	
	(5)	工作	❹ gōngzuò	仕事	
F	(1)	公司	❶ gōngsī	会社	
	(2)	马上	❶ mǎshàng	すぐに	「mǎshang」と発音する人もいる。
	(3)	哪个	❶ nǎge	どれ	"哪"は3声。
	(4)	坐车	❹ zuòchē	車に乗る	"坐"は無気音。
	(5)	汽车	❹ qìchē	自動車	
G	(1)	走	❸ zǒu	歩く	
	(2)	快	❷ kuài	速い	
	(3)	汤	❷ tāng	スープ	
	(4)	生日	❹ shēngri	誕生日	
	(5)	早饭	❹ zǎofàn	朝食	
H	(1)	小姐	❶ xiǎojie	おねえさん	
	(2)	颜色	❷ yánsè	色	
	(3)	照片	❶ zhàopiàn	写真	
	(4)	猪	❹ zhū	ブタ	"猪"は無気音。
	(5)	下课	❶ xiàkè	授業が終わる	

I (1)	前天	❶ qiántiān	一昨日	
(2)	工夫	❶ gōngfu	時間	
(3)	大夫	❷ dàifu	医者	
(4)	手表	❷ shǒubiǎo	腕時計	
(5)	彼此	❸ bǐcǐ	こちらこそ	
J (1)	喝	❸ hē	飲む	
(2)	面条	❷ miàntiáo	麺	
(3)	奶奶	❷ nǎinai	おばあさん	
(4)	毛衣	❸ máoyī	セーター	
(5)	可以	❷ kěyǐ	…してもいい	
K (1)	大家	❶ dàjiā	皆さん	
(2)	孩子	❷ háizi	子ども	
(3)	事情	❶ shìqing	用事	
(4)	小心	❶ xiǎoxīn	気をつける	
(5)	可乐	❹ kělè	コーラ コカコーラは"可口可乐" kěkǒu kělè。"可口"は口に合うという意味。	
L (1)	号码	❸ hàomǎ	番号	
(2)	医生	❶ yīshēng	医者	
(3)	苹果	❹ píngguǒ	リンゴ	
(4)	玩儿	❶ wánr	遊ぶ	r化音。
(5)	放心	❸ fàngxīn	安心する	

第2部 筆記 ❷

第2部 筆記3 穴埋め問題

出題パターンはコレだ！

〔例題〕次の（1）の各文の空欄を埋めるのに適当なものを、それぞれ①～④の中から1つ選び、その番号を解答欄にマークしなさい。（10点）

(1) 你的电话号码是（　　）？
　①几　　②多大　　③多少　　④哪里

〔正解〕③

〔解説〕問題は「あなたの電話番号は（　　）？」という意味です。

"**几 jǐ**"は「いくつ」という意味で、10以下であることを予測して聞くときに使います。

"**多大 duō dà**"は「どのぐらい大きいか」という意味で、年齢や大きさについて尋ねるときに使います。

"**多少 duōshao**"は「どれほど」という意味で、数を聞くときに使い、"几"と違い数字の制限はありません。

"**哪里 nǎli**"は「どこ」という意味で、場所を聞くときに使います。

電話番号を聞くときは"**多少**"を使いますので、正解は③です。

〔狙い〕このカテゴリでは穴埋め問題が出題されます。（　　）内に入る正しい語句を選択肢から選び、文章を完成させます。

過去の試験では、以下のような語句がよく出題されています。

副　詞：
　不 bù（…ではない、…しない）
　不太 bú tài（あまり…ではない）
　也 yě（…もまた）

前置詞：
　给 gěi（…に。受益者を導く）
　在 zài（…で。場所を導く）
　离 lí（…から）

量　詞：
　张 zhāng（…枚。紙や画、テーブル、ベッドなど平たい物や平面を持つ物を数える）
　封 fēng（…通。封書などを数える）

把 bǎ（柄や握りのある物を数える）
年级 niánjí（学年。～年生。2年生は**二年级 èr niánjí**）
岁 suì（歳。20歳は**二十岁 èrshí suì**）
点 diǎn（～時。2時半は**两点半 liǎngdiǎn bàn**）

動　詞：
有 yǒu（いる・ある）
打 dǎ（〈電話を〉かける）
叫 jiào（名前を…という）
开 kāi（運転する、開く）
坐 zuò（座る）
不是 bú shì（…ではない）
没有 méiyǒu（ない。持っていない）

疑問詞：
怎么 zěnme（どのように）
哪个 nǎ ge（どれ）
多少 duōshao（いくつ）

名　詞：
词典 cídiǎn（辞書）
椅子 yǐzi（椅子）
衣服 yīfu（洋服）

接続詞：
还是 háishi（それとも）

助　詞：
呢 ne（①疑問の語気を表す。②持続の語気を表す。）

合格のための攻略ポイント！

　　この問題をクリアするためには、まず各品詞の働き、文中での位置などを理解する必要があります。

①よく出題される副詞

副詞はよく動詞や形容詞の前に置かれ、範囲、否定、程度、状態などを表す。普通は名詞の前には置かれない。

(副詞)			(用例)
不	bù	…しない。 …ではない。	不忙。Bù máng. 忙しくない。 不吃。Bù chī. 食べない。
不用	bú yòng	…する必要がない	不用客气！Bú yòng kèqi! 遠慮しないで。 不用买票。Bú yòng mǎi piào. チケットを買わなくてよい。
不要	bú yào	…してはいけない	不要看书。Bú yào kàn shū. 本を見てはいけない。 不要说话。Bú yào shuō huà. 話をしてはいけない。
别	bié	…してはいけない。 …するな。	别忘了。Bié wàng le. 忘れてはいけない。 别来晚了。Bié lái wǎn le. 遅れてはいけない。
没	méi	…しなかった。 …していない。	没买。Méi mǎi. 買わなかった。 没去过。Méi qùguo. 行ったことがない。
还	hái	まだ	还想喝。Hái xiǎng hē. まだ飲みたい。 还没写。Hái méi xiě. まだ書いていない。
常	cháng	常に	常喝酒。Cháng hē jiǔ. いつも酒を飲む。 常去中国。Cháng qù Zhōngguó. いつも中国に行く。
也	yě	…も	也说日语。Yě shuō Rìyǔ. 日本語も話す。 也喝咖啡。Yě hē kāfēi. コーヒーも飲む。
都	dōu	すべて	都是学生。Dōu shì xuésheng. みんな学生である。 都吃饺子。Dōu chī jiǎozi. みんな餃子を食べる。
多	duō	どれほど	多大？ Duō dà? どれくらいの大きさ？ 多远？ Duō yuǎn? どれくらいの距離？
非常	fēicháng	非常に	非常漂亮。Fēicháng piàoliang. 非常にきれい。 非常便宜。Fēicháng piányi. すごく安い。
很	hěn	とても	很冷。Hěn lěng. とても寒い。 很难。Hěn nán. とても難しい。
太	tài	あまりにも	太辣。Tài là. ものすごく辛い。 太大。Tài dà. 大きすぎる。
最	zuì	最も	最年轻。Zuì niánqīng. 最年少。 最远。Zuì yuǎn. 最も遠い。
更	gèng	さらに	更冷了。gèng lěng le. もっと寒い。 更好了。gèng hǎo le. さらに良い。

可能	kěnéng	…かもしれない	可能忘了。Kěnéng wàng le. 忘れたかもしれない。 可能走了。Kěnéng zǒu le. 出かけたかもしれない。
马上	mǎshàng	すぐに	马上去。Mǎshàng qù. すぐに行く。 马上写。Mǎshàng xiě. すぐに書く。
一定	yídìng	必ず	一定看。Yídìng kàn. 必ず見る。 一定去。Yídìng qù. 必ず行く。
一起	yìqǐ	一緒に	一起喝茶。Yìqǐ hē chá. いっしょにお茶を飲む。 一起唱歌。Yìqǐ chàng gē. いっしょに歌を歌う。
一直	yìzhí	ずっと。まっすぐに	一直走。Yìzhí zǒu. まっすぐ歩く。 一直学。Yìzhí xué. ずっと学ぶ。
已经	yǐjing	すでに。もう	已经买了。Yǐjing mǎi le. すでに買った。 已经吃了。Yǐjing chī le. もう食べた。
再	zài	また。もう1度	再来。Zài lái. また来る。 再见。Zàijiàn. また会う。（さようなら）
又	yòu	また	又忘了。Yòu wàng le. また忘れた。 又买了。Yòu mǎi le. また買った。
正	zhèng	…している	正写呢。Zhèng xiě ne. 書いている。 正听呢。Zhèng tīng ne. 聞いている。
在	zài	…している	在做作业。Zài zuò zuòyè. 宿題をやっている。 在看电视。Zài kàn diànshì. テレビを見ている。
正在	zhèngzài	ちょうど…している	正在喝酒。Zhèngzài hē jiǔ. 酒を飲んでいるところ。 正在上课。Zhèngzài shàngkè. 授業を受けているところ。
只	zhǐ	ただ…だけ	只看。Zhǐ kàn. 見るだけ。 只说。Zhǐ shuō. 話すだけ。
真	zhēn	本当に	真美。Zhēn měi. 本当に美しい。 真好吃。Zhēn hǎochī. 本当においしい。
有点儿	yǒudiǎnr	少し	有点儿辣。Yǒudiǎnr là. 少しからい。 有点儿难。Yǒudiǎnr nán. 少し難しい。
才	cái	やっと。ようやく	才明白。Cái míngbai. やっと分かる。 才来。Cái lái. ようやく来る。

②よく出題される前置詞

前置詞は必ず名詞、代名詞あるいは名詞的な連語の前に使われ、動作行為の時間、場所、方式、目的、及ぼすまたは比較する対象や動作の主体者などを導く働きをする。

(前置詞)			(用例)
比	bǐ	…より	比我高。Bǐ wǒ gāo. わたしより高い。 比她大。Bǐ tā dà. 彼女より年が上。
从	cóng	…から	从三号开始。Cóng sān hào kāishǐ. 3日から始まる。 从东京到上海。Cóng Dōngjīng dào Shànghǎi. 東京から上海まで。
到	dào	…まで	到车站要几分钟？Dào chēzhàn yào jǐfēnzhōng? 駅まで何分かかりますか？ 从一点到三点学汉语。Cóng yī diǎn dào sān diǎn xué Hànyǔ. 1時から3時まで中国語を勉強する。
给	gěi	…に	给朋友打电话。Gěi péngyou dǎ diànhuà. 友人に電話をかける。 给妈妈写信。Gěi māma xiěxìn. 母に手紙を書く。
跟	gēn	…と共に。	跟朋友一起去。Gēn péngyou yìqǐ qù. 友人と一緒に行く。 跟女朋友谈话。Gēn nǚpéngyou tánhuà. ガールフレンドと話をする。
离	lí	…から。(…まで)	离学校近。Lí xuéxiào jìn. 学校から近い。 离新年还有三天。Lí xīnnián háiyǒu sān tiān. 新年までまだ3日ある。
往	wǎng	…の方へ	往前走。Wǎng qián zǒu. 先へ歩く。 往右拐。Wǎng yòu guǎi. 右に曲がる。
向	xiàng	…へ。…に	向前看。Xiàng qián kàn. 前方を見る。 向左拐。Xiàng zuǒ guǎi. 左のほうに曲がる。
为	wèi	…のために	为了友谊干杯！Wèile yǒuyì gānbēi! 友情のために乾杯！ 为人民服务。Wèi rénmín fúwù. 人民に奉仕する。
在	zài	…で	在哪儿下车？Zài nǎr xià chē? どこで下車するか？ 在家吃饭。Zài jiā chīfàn. 家でご飯を食べる。

③よく出題される量詞

量詞には名量詞と動量詞があります。名詞を数える量詞は名量詞といい、語順は「数詞＋量詞＋名詞」となります（例 **"一枝笔" yì zhī bǐ**（1本のペン）、**"两张纸" liǎng zhāng zhǐ**（2枚の紙））。

（量詞）		（用法） （用例）
"把"	bǎ	取っ手のあるものを数える。…本。…脚。 椅子 yǐzi（椅子）、伞 sǎn（傘）、钥匙 yàoshi（鍵）
"张"	zhāng	平たい物や平面を持つ物を数える。…枚。…台。 纸 zhǐ（紙）、地图 dìtú（地図）、照片 zhàopiàn（写真）、票 piào（切符）、画儿 huàr（絵）、桌子 zhuōzi（テーブル）、床 chuáng（ベッド）
"条"	tiáo	「細長い形をしたものを数える」…枚。…本。 裤子 kùzi（ズボン）、裙子 qúnzi（スカート）、河 hé（川）、路 lù（道）
"件"	jiàn	上着類や用件を数える。…着。…枚。…件。 毛衣 máoyī（セーター）、衬衫 chènshān（シャツ）、衣服 yīfu（服）、事儿 shìr（用事）
"节"	jié	授業を数える。…コマ。 课 kè（授業）
"枝"	zhī	棒状の短い物を数える。…本。"支 zhī"と書く場合もある。 笔 bǐ（ペン）、铅笔 qiānbǐ（鉛筆）、钢笔 gāngbǐ（万年筆）
"本"	běn	書籍類を数える。…冊。 杂志 zázhì（雑誌）、书 shū（本）、词典 cídiǎn（辞書）
"双"	shuāng	対をなすものを数える。…足。…組。 鞋 xié（靴）、袜子 wàzi（靴下）、筷子 kuàizi（箸）
"只"	zhī	対になっているもののうちの1つを数える。…枚。…本。 鞋 xié（靴）、袜子 wàzi（靴下）、手 shǒu（手）、脚 jiǎo（足）
"口"	kǒu	家族や豚を数える。 人 rén（家族）、猪 zhū（豚）
"封"	fēng	封書などを数える。…通。 信 xìn（手紙）、电报 diànbào 電報
"瓶"	píng	瓶に入ったものを数える。…本。 酒 jiǔ（酒）、水 shuǐ（水）、可乐 kělè（コーラ）
"碗"	wǎn	お碗に盛ったものを数える。…杯。 汤 tāng（スープ）、饭 fàn（ご飯）、面条 miàntiáo（麺）
"盘"	pán	皿に盛ったものを数える。…皿。 饺子 jiǎozi（餃子）、菜 cài（料理）、炒饭 chǎofàn（炒飯）

"杯" bēi		カップに入ったものを数える。…杯。
		咖啡 kāfēi（コーヒー）、**啤酒** píjiǔ（ビール）、**红茶** hóngchá（紅茶）
"个" ge		人や専用の量詞を用いないものを数える。…個。
		学生 xuésheng（学生）、**苹果** píngguǒ（リンゴ）、**包子** bāozi（肉まん）、**饺子** jiǎozi（餃子）
"辆" liàng		車を数える。…台。
		车 chē（車）、**出租车** chūzūchē（タクシー）、**公共汽车** gōnggòng qìchē（バス）
"块" kuài		人民元の単位（…元）。塊状のものを数える（…個）。
		钱 qián（お金）、**面包** miànbāo（パン）、**豆腐** dòufu（豆腐）

動作の回数を数える量詞は動量詞といいます。語順は「動詞（＋助詞）＋数詞＋量詞」となります（例 "**去过一次。**" Qùguo yí cì.（1度行ったことがある）"**看了两遍。**" Kànle liǎng biàn.（2回見た））。

"次" cì		動作の回数を数える。…回。
		看过两次。 Kànguo liǎng cì. 2度見たことがある。
"遍" biàn		動作の回数を数える。…回。
		请再说一遍。 Qǐng zài shuō yí biàn. もう1度言ってください。

模擬テスト3 解答用紙

点数 ／60

46〜60点　その調子で！
31〜45点　もう少し！
0〜30点　がんばろう！

次の各文の空欄を埋めるのに適当なものを、それぞれ①〜④の中から1つ選びなさい。

A (1)：去火车站（　）走?　①这么　②什么　③多么　④怎么

(2)：乌龙茶（　）钱一袋?　①多少　②几　③哪儿　④为什么

(3)：哪儿（　）厕所?　①在　②是　③有　④不

(4)：我买一（　）地图。　①枝　②件　③把　④张

(5)：这个菜一点儿也（　）辣。　①不　②没　③太　④很

B (1)：我们（　）是大学生。　①也都　②都也　③没　④有

(2)：她的名字（　）王芳。　①姓　②说　③叫　④讲

(3)：你喜欢（　）喜欢听音乐?　①没　②不　③也　④很

(4)：我吃炒饭，你（　）?　①吗　②吧　③了　④呢

(5)：今天（　）冷。　①不是　②不太　③不也　④不都

C (1)：你喜欢喝咖啡,（　）喜欢喝可乐?　①还是　②也是　③不是　④都是

(2)：我星期天（　）妈妈打电话。　①离　②从　③往　④给

(3)：商店（　）饭店对面。　①有　②是　③在　④离

(4)：你家（　）学校远不远?　①从　②离　③到　④往

(5)：我有两（　）汉语词典。　①张　②枝　③件　④本

D (1)：厕所（　）一楼。　①是　②有　③在　④到

(2)：这（　）裤子多少钱?　①条　②件　③双　④只

(3)：你想喝（　）茶?　①怎么　②什么　③那么　④这么

(4)：到饭店要（　）时间?　①几　②多大　③多长　④多远

(5)：我们一起去唱卡拉OK（　）。　①吗　②呢　③吧　④的

E	(1)：你去（　）北京吗？	①着	②过	③不	④没
	(2)：教室里有十（　）桌子。	①条	②把	③件	④张
	(3)：请给我一（　）伞。	①枝	②条	③把	④节
	(4)：我去过两（　）长城。	①年	②条	③次	④个
	(5)：先来一（　）啤酒。	①碗	②袋	③盘	④瓶
F	(1)：她（　）会说汉语。	①都	②是	③也	④太
	(2)：（　）这儿到机场要多少钱？	①离	②往	③对	④从
	(3)：有事给我（　）电话。	①接	②听	③打	④记
	(4)：明天我（　）去医院。	①的	②得	③地	④着
	(5)：桌子上放（　）一台电脑。	①在	②呢	③着	④到
G	(1)：你们公司在（　）地方？	①哪儿	②哪里	③为什么	④什么
	(2)：昨天你（　）没来？	①什么	②为什么	③哪儿	④谁
	(3)：我们（　）车去吧。	①用	②有	③坐	④在
	(4)：我（　）在北京学的汉语。	①没	②不	③也	④是
	(5)：我（　）手机。	①不有	②没有	③不在	④没在
H	(1)：你想（　）去中国？	①什么	②什么时候	③什么地方	④多么
	(2)：妹妹（　）写作业呢。	①从	②和	③在	④对
	(3)：不太远，咱们走（　）去吧。	①着	②了	③过	④呢
	(4)：哥哥（　）我大两岁。	①和	②对	③比	④离
	(5)：我给她写了一（　）信。	①封	②本	③张	④条

I	(1)：这条裤子（　）长。	① 几点	② 一点儿	③ 有点儿	④ 少点儿
	(2)：我（　）哥哥高。	① 有	② 没有	③ 不	④ 是
	(3)：你家几（　）人？	① 位	② 名	③ 个	④ 口
	(4)：我还不会（　）车。	① 等	② 开	③ 坐	④ 下
	(5)：山田（　）学汉语。	① 都	② 和	③ 也	④ 对
J	(1)：她（　）下班了。	① 还没	② 正在	③ 已经	④ 没有
	(2)：我（　）弟弟，有一个妹妹。	① 不有	② 没有	③ 也有	④ 都有
	(3)：对不起，请借我一（　）笔。	① 把	② 条	③ 枝	④ 本
	(4)：上个星期天我学了（　）汉语。	① 两周	② 两天	③ 两点	④ 两个小时
	(5)：我（　）田中，叫田中一郎。	① 说	② 姓	③ 讲	④ 叫
K	(1)：你（　）哪儿工作？	① 在	② 从	③ 离	④ 和
	(2)：我（　）朋友一起看电影。	① 也	② 都	③ 和	④ 在
	(3)：饭店前边儿（　）公园。	① 在	② 是	③ 也	④ 不
	(4)：一直（　）前走，五分钟就到了。	① 从	② 离	③ 和	④ 往
	(5)：日本的人口（　）中国多。	① 有	② 不有	③ 没有	④ 也有
L	(1)：我（　）吃过北京烤鸭。	① 不	② 都	③ 没	④ 一起
	(2)：一个星期有两（　）汉语课。	① 件	② 张	③ 条	④ 节
	(3)：你今年（　）？	① 多少	② 多大	③ 多么	④ 多不
	(4)：请问，你叫（　）名字？	① 怎么	② 多么	③ 这么	④ 什么
	(5)：请再说一（　）。	① 把	② 张	③ 遍	④ 节

模擬テスト3 解答と解説

※白ヌキ数字のものが正解です。

A
(1) 去火车站（❹怎么）走? — 駅にはどうやって行きますか。
(2) 乌龙茶（❶多少）钱一袋? — ウーロン茶は一袋いくらですか。
(3) 哪儿（❸有）厕所? — トイレはどこにありますか？
(4) 我买一（❹张）地图。 — わたしは地図を1枚買います。
(5) 这个菜一点儿也（❶不）辣。 — この料理はちっともからくありません。

B
(1) 我们（❶也都）是大学生。 — わたしたちもみな学生です。
(2) 她的名字（❸叫）王芳。 — 彼女の名前は王芳といいます。
(3) 你喜欢（❷不）喜欢听音乐? — あなたは音楽を聴くのが好きですか。
(4) 我吃炒饭，你（❹呢）? — わたしはチャーハンを食べるけど、あなたは？
(5) 今天（❷不太）冷。 — 今日はあまり寒くない。

C
(1) 你喜欢喝咖啡,（❶还是）喜欢喝可乐? — あなたはコーヒーが好きですか、それともコーラが好きですか。
(2) 我星期天（❹给）妈妈打电话。 — わたしは日曜日に母に電話をかけます。
(3) 商店（❸在）饭店对面。 — 店はホテルの向かい側にあります。
(4) 你家（❷离）学校远不远? — あなたの家は学校から遠いですか。
(5) 我有两（❹本）汉语词典。 — わたしは中国語の辞書を2冊持っています。

D
(1) 厕所（❸在）一楼。 — トイレは1階にあります。
(2) 这（❶条）裤子多少钱? — このズボンはいくらですか。
(3) 你想喝（❷什么）茶? — あなたは何のお茶を飲みたいですか。
(4) 到饭店要（❸多长）时间? — ホテルまではどれくらい時間がかかりますか。
(5) 我们一起去唱卡拉OK（❸吧）。 — みんないっしょにカラオケに行きましょう。

E (1)	你去（❷过）北京吗?	あなたは北京に行ったことがありますか。
(2)	教室里有十（❹张）桌子。	教室には机が10台あります。
(3)	请给我一（❸把）伞。	わたしに傘を1本ください。
(4)	我去过两（❸次）长城。	わたしは長城に2回行ったことがあります。
(5)	先来一（❹瓶）啤酒。	とりあえずビールを1本ください。
F (1)	她（❸也）会说汉语。	彼女も中国語が話せます。
(2)	（❹从）这儿到机场要多少钱?	ここから空港までいくらかかりますか。
(3)	有事给我（❸打）电话。	何かあればわたしに電話して。
(4)	明天我（❷得）去医院。	明日わたしは病院に行かなければなりません。
(5)	桌子上放（❸着）一台电脑。	机にはコンピューターが1台置いてあります。
G (1)	你们公司在（❹什么）地方?	あなたの会社はどこにありますか。
(2)	昨天你（❷为什么）没来?	あなたはどうして昨日来なかったのですか。
(3)	我们（❸坐）车去吧。	わたしたちは車で行きましょう。
(4)	我（❹是）在北京学的汉语。	わたしは北京で中国語を勉強したのです。
(5)	我（❷没有）手机。	わたしは携帯電話を持っていません。
H (1)	你想（❷什么时候）去中国?	あなたはいつ中国に行きたいのですか。
(2)	妹妹（❸在）写作业呢。	妹は宿題をやっているところです。
(3)	不太远，咱们走（❶着）去吧。	そんなに遠くないから、歩いて行きましょう。
(4)	哥哥（❸比）我大两岁。	兄はわたしより2歳年上です。
(5)	我给她写了一（❶封）信。	わたしは彼女に1通手紙を書いた。

I	(1)	这条裤子（❸有点儿）长。	このズボンは少し長い。
	(2)	我（❷没有）哥哥高。	わたしは兄ほど背が高くない。
	(3)	你家几（❹口）人?	あなたは何人家族ですか。
	(4)	我还不会（❷开）车。	わたしはまだ車の運転ができません。
	(5)	山田（❸也）学汉语。	山田さんも中国語を学んでいます。
J	(1)	她（❸已经）下班了。	彼女はもう退勤しました。
	(2)	我（❷没有）弟弟，有一个妹妹。	わたしは弟はいませんが妹が一人います。
	(3)	对不起，请借我一（❸枝）笔。	すみませんが、わたしにペンを1本貸してください。
	(4)	上个星期天我学了（❹两个小时）汉语。	先週の日曜日、わたしは2時間中国語を勉強しました。
	(5)	我（❷姓）田中，叫田中一郎。	わたしは名字は田中、田中一郎と申します。
K	(1)	你（❶在）哪儿工作?	あなたはどこで仕事をしていますか?
	(2)	我（❸和）朋友一起看电影。	わたしは友人といっしょに映画を見ます。
	(3)	饭店前边儿（❷是）公园。	ホテルの前は公園です。
	(4)	一直（❹往）前走，五分钟就到了。	前にまっすぐ行けば5分で着きます。
	(5)	日本的人口（❸没有）中国多。	日本の人口は中国ほど多くない。
L	(1)	我（❸没）吃过北京烤鸭。	わたしは北京ダックを食べたことがありません。
	(2)	一个星期有两（❹节）汉语课。	1週間に2コマ中国語の授業があります。
	(3)	你今年（❷多大)?	あなたは今年何歳ですか。
	(4)	请问，你叫（❹什么）名字?	すみません、名字は何とおっしゃいますか。
	(5)	请再说一（❸遍）。	もう一度言ってください。

第2部 筆記4 語順

出題パターンはコレだ！

〔例題〕次の (6) について、与えられた日本語の意味になるように、それぞれについて示してある①~④の語句を並べ替えたとき、〔　〕内に位置するものはどれか、その番号を解答欄にマークしなさい。(10点)

(6) あの本はとても面白い。
　　那＿＿＿＿　＿＿＿＿　〔　　〕　＿＿＿＿。
　　①有意思　②本　　③非常　　④书

〔正解〕③

〔解説〕文章の語順は、「那　本　书　非常　有意思。」となるので、「③非常」が正解となります。

〔狙い〕このカテゴリのチェックポイントは中国語の基本文型です。
中国語の文を構成する成分は主語・述語・目的語・限定語（連用修飾語）・状況語（連体修飾語）・補語の6種類があります。

中国語の基本的な語順は下記の通り：
① 主語＋述語＋目的語
② (限定語)主語＋述語＋(限定語)目的語
③ 主語＋[状況語]述語＋目的語
④ [状況語]主語＋述語＋目的語
⑤ 主語＋述語〔補語〕＋目的語
⑥ 主語＋述語＋目的語〔補語〕

- 限定語は必ず主語と目的語の前に使われます。
- 状況語は基本的に主語か述語の間に使われますが、時間や場所などを表すものであれば、主語の前に使われる場合もあります。
- 補語は基本的に述語と目的語の間に使われますが、目的語の後に使われる場合もあります。

これらの文の構造を正確に覚えることがポイントです。

> 合格のための**攻略ポイント！**
>
> 過去に出題された基本文型をしっかり把握しましょう。

1. 動詞述語文

1. "是" を用いる文

- 肯定の形："〜是〜"（〜は〜です）
  妈妈 是 老师。（母は教師です。）
  Māma shì lǎoshī.
- 否定の形："〜不是〜"（〜は〜ではありません。）
  爸爸 不 是 大夫。（父は医者ではありません。）
  Bàba bú shì dàifu.
- 疑問の形："〜是〜吗?"（〜は〜ですか。）
  你 是 日本人 吗?（あなたは日本人ですか。）
  Nǐ shì Rìběnrén ma?

"**不**"のほかに"**也**"や"**都**"、また、"**也都**""**不都**""**都不**"などが状況語としてよく使われます。太字の部分が状況語です。

她们 **也 不** 是 学生。（彼女達も学生ではありません。）
Tāmen yě bú shì xuésheng.

她们 **也 都** 是 学生。（彼女達もみんな学生です。）
Tāmen yě dōu shì xuésheng.

她们 **不 都** 是 学生。（彼女達はみんな学生というわけではありません。）部分否定
Tāmen bù dōu shì xuésheng.

她们 **都 不** 是 学生。（彼女達はみんな学生ではありません。）全部を否定
Tāmen dōu bú shì xuésheng.

2. 動詞述語文

- 肯定の形：①主語＋述語（自動詞）
  我 休息。（わたしは休みます。）
  Wǒ xiūxi.

②主語＋述語（他動詞）＋目的語
我 吃 饺子。（わたしは餃子を食べます。）
Wǒ chī jiǎozi.

● 否定の形：動詞の前に否定の意味を表す"**不**"が来ます。
爸爸 不 喝酒。（父はお酒を飲みません。）
Bàba bù hē jiǔ.

● 疑問の形："**～是～吗？**"（～は～ですか）
你 喝酒 吗？（あなたはお酒を飲みますか。）
Nǐ hē jiǔ ma?

3. **状況語**

上記の動詞述語文の主語と述語の間に状況語が使われる文は要チェックです。語順は主語＋状況語＋述語（＋目的語）となり、述語の動詞（または形容詞）にかかる修飾成分が状況語（連用修飾語）になります。下記の例文の中の太字の部分が状況語です。しっかり位置を確認して覚えましょう。

〈いつ…をする〉
我 **明天** 看 电影。（わたしは明日映画を見ます。）
Wǒ míngtiān kàn diànyǐng.

我 **星期天** 看 电影。（わたしは日曜日映画を見ます。）
Wǒ xīngqītiān kàn diànyǐng.

他们 **八 月 九 号** 去 中国。（彼らは8月9日中国に行きます。）
Tāmen bā yuè jiǔ hào qù Zhōngguó.

他们 **明年 春天** 去 中国。（彼らは来年春に中国に行きます。）
Tāmen míngnián chūntiān qù Zhōngguó.

我 **七 点 半** 起床。（わたしは7時半に起きます。）
Wǒ qī diǎn bàn qǐchuáng.

我 **从 星期一 到 星期五** 工作。（わたしは月曜日から金曜日まで仕事をします。）
Wǒ cóng xīngqīyī dào xīngqīwǔ gōngzuò.

我 **从 十二 点 到 一 点** 休息。（わたしは12時から1時まで休憩します。）
Wǒ cóng shí'èr diǎn dào yìdiǎn xiūxi.

〈～（場所）で…をする〉
我 **在 大学** 学 日语。（わたしは大学で日本語を勉強します。）
Wǒ zài dàxué xué Rìyǔ.

我 **在 家** 吃 晚饭。（わたしは家で夕食を食べます。）
Wǒ zài jiā chī wǎnfàn.

〈いつ、～（場所）で…をする〉
我们 九点 在 车站 见 吧。（わたしたちは9時に駅で会いましょう。）
Wǒmen jiǔ diǎn zài chēzhàn jiàn ba.
我们 八点 半 在 机场 见面。（わたしたちは8時半に空港で会います。）
Wǒmen bā diǎn bàn zài jīchǎng jiànmiàn.

〈～（人）に…する〉
我 给 他 打 电话。（わたしは彼に電話をかけます。）
Wǒ gěi tā dǎ diànhuà.
我 给 妈妈 写 信。（わたしは母に手紙を書きます。）
Wǒ gěi māma xiě xìn.

〈～（人）と…する〉
我 和 朋友 一起 去 中国。（わたしは友人と一緒に中国に行きます。）
Wǒ hé péngyou yìqǐ qù Zhōngguó.
我 和 弟弟 一起 学 汉语。（わたしは弟と一緒に中国語を勉強します。）
Wǒ hé dìdi yìqǐ xué Hànyǔ.

〈どのように…する〉
去 火车站 怎么 走？（駅にはどう行きますか。）
Qù huǒchēzhàn zěnme zǒu?
一直 往 前 走。（まっすぐ前方へ歩いてください。）
Yìzhí wǎng qián zǒu.
往 右 拐。（右へ曲がります。）
Wǎng yòu guǎi.
你 快 点儿 走。（あなたは少し速く歩いてください。）
Nǐ kuài diǎnr zǒu.
咱们 慢慢儿 喝。（わたしたちはゆっくり飲みましょう。）
Zánmen mànmānr hē.

〈助動詞が状況語として使われる場合〉
我 想 去 中国。（わたしは中国に行きたいです。）
Wǒ xiǎng qù Zhōngguó.
我 不 会 说 汉语。（わたしは中国語が話せません。）
Wǒ bú huì shuō Hànyǔ.
可以 照相 吗？（写真を撮ってもいいですか。）
Kěyǐ zhàoxiàng ma?

你 能 来 吗？（あなたは来られますか。）
Nǐ néng lái ma?
我 得 去 医院。（わたしは病院に行かなければなりません。）
Wǒ děi qù yīyuàn.
你 不 应该 说。（あなたは言うべきではありません。）
Nǐ bù yīnggāi shuō.
我 要 买 车。（わたしは車を買いたいです。）
Wǒ yào mǎi chē.
我 打算 买 电脑。（わたしはパソコンを買うつもりです。）
Wǒ dǎsuan mǎi diànnǎo.

4. 補語のある文

補語は字の通りで、補って述語を説明するもので、いくつか種類がありますが、準4級レベルでは、時間補語と数量補語を覚えれば十分です。動作の回数を数える動量詞は文章の中で数量補語となり、動作の持続する時間を表すものは時間補語となります。太字の部分が補語です。
我 吃过 **两 次**。（わたしは2度食べたことがあります。）
Wǒ chīguo liǎng cì.
再 说 **一 遍**。（もう一度言ってください。）
Zài shuō yí biàn.
你 等 **五 分钟**。（あなたは5分間待ってください。）
Nǐ děng wǔ fēnzhōng.
我 等了 她 **半 个 小时**。（わたしは彼女を30分待ちました。）
Wǒ děngle tā bàn ge xiǎoshí.
我 学了 **两 个 小时** 汉语。（わたしは中国語を2時間勉強しました。）
Wǒ xuéle liǎng ge xiǎoshí Hànyǔ.

5. 現在進行形

中国語の現在進行形は"正在…呢"「…している」の3文字が一緒に使われる場合もあれば、"呢"だけ、あるいは"在…呢"、"正在"、"在"だけを使う場合もあります。
你 **在** 做 什么？（あなたは何をしているところですか。）
Nǐ zài zuò shénme?
我 **正在** 做 作业。（わたしは宿題をやっているところです。）
Wǒ zhèngzài zuò zuòyè.
妈妈 **在** 做 饭。（母は食事を作っているところです。）
Māma zài zuò fàn.

弟弟 听 音乐 呢。（弟は音楽を聞いているところです。）
Dìdi tīng yīnyuè ne.
我们 正在 喝 酒 呢。（わたしたちはお酒を飲んでいるところです。）
Wǒmen zhèngzài hē jiǔ ne.

6. **連動文**

「お茶を飲みに行く」とか「商店へ行って買い物をする」のように動詞が連続して現われる文を連動文と言います。
連動文は主語が１つで、動詞述語が２つまたは２つ以上あります。
我 去 中国 旅行。（わたしは中国に旅行に行きます。）
Wǒ qù Zhōngguó lǚxíng.
妈妈 去 商店 买 东西 了。（お母さんは商店に買い物に行きました。）
Māma qù shāngdiàn mǎi dōngxi le.
我 去 车站 接 朋友。（わたしは駅に友人を迎えに行きます。）
Wǒ qù chēzhàn jiē péngyou.
她 明天 来 我 家 玩儿。（彼女は明日家に遊びに来ます。）
Tā míngtiān lái wǒ jiā wánr.

7. **経験の"过"**

「動詞＋**过**」は「…したことがある」という意味です。否定は「**没 méi**」を動詞の前に置きます。（発音は軽声 **guo** になります）
我 还 没 去过 中国。（わたしはまだ中国に行ったことがありません。）
Wǒ hái méi qùguo Zhōngguó.
你 吃过 北京 烤鸭 吗？（あなたは北京ダックを食べたことがありますか。）
Nǐ chīguo Běijīng kǎoyā ma?

8. **過去形**

1) "**了**" は文末にきて、動作の完了と過去を表します。
   我 买 车 了。（わたしは車を買いました。）
   Wǒ mǎi chē le.
● 否定は「"**没**"＋動詞」で、文末には "**了**" をつけないこと。
   我 还 没 买 电脑。（わたしはまだパソコンを買っていません。）
   Wǒ hái méi mǎi diànnǎo.
2) 文中の「動詞＋"**了**"」は動作の完了、実現を表します。
   我 昨天 写了 两 封 信。（わたしは昨日２通の手紙を書きました。）
   Wǒ zuótiān xiě le liǎng fēng xìn.

9. **存在を表す"在"**

語順は「(人／物)＋"在"＋場所」です。
肯定の形 "～在～"（～は～にある／いる）
否定の形 "～不在～"（～は～にない／いない）
疑問の形 "～在～吗?"（～は～にあるか／いるか）
银行 在 车站 右边儿。（銀行は駅の右側にあります。）
Yínháng zài chēzhàn yòubianr.
商店 在 学校 前边儿。（商店は学校の前にあります。）
Shāngdiàn zài xuéxiào qiánbianr.
王 丽 不 在 教室。（王麗は教室にいません。）
Wáng Lì bú zài jiàoshì.
王 丽 在 图书馆 吗?（王麗は図書館にいますか？）
Wáng Lì zài túshūguǎn ma?

10. **存在を表す"有"**

「A（場所）にB（人／物）がいる／ある」という場合に "**A 有 B**" の形を用います。前述の存在を表す "在" の文型は "**A 在 B**" の形です。
"**A 有 B**" ＝「場所＋有＋もの／人」
"**A 在 B**" ＝「もの／人＋在＋場所」
2つの文型を区別して覚えましょう。
教室 里 有 很 多 学生。（教室の中には大勢の学生がいます。）
Jiàoshì li yǒu hěn duō xuésheng.
我 的 房间 里 有 电视。（わたしの部屋にはテレビがあります。）
Wǒ de fángjiān li yǒu diànshì.

11. **所有を表す"有"**

「わたしは車を持っています」「彼は携帯電話を持っていません」など、「AはBを持っている」「AはBを持っていない」という場合には、動詞 "**有**" を用いて、"**A 有 B**" "**A 没有 B**" となります。"**有**" の否定は "**没有**" を用います。
你 星期天 有 时间 吗?（あなたは日曜日に時間がありますか。）
Nǐ xīngqītiān yǒu shíjiān ma?
我 没有 手机。（わたしは携帯電話を持っていません。）
Wǒ méiyǒu shǒujī.
我 有 车。（わたしは車を持っています。）
Wǒ yǒu chē.

2. 形容詞述語文

- **肯定の形**：① 名詞(代名詞)＋形容詞
　　　　　　② 名詞(代名詞)＋"**的**"＋名詞＋形容詞

  这个 好。（これはいい。）
  Zhège hǎo.
  我 的 车 新。（わたしの車は新しい。）
  Wǒ de chē xīn.

- **否定の形**："**不**＋形容詞"

  今天 不 冷。（今日は寒くありません。）
  Jīntiān bù lěng.

- **疑問の形**："形容詞＋**吗?**"

  你 忙 吗？（あなたは忙しいですか。）
  Nǐ máng ma?

- 形容詞述語の前に否定を表す副詞のほかに、程度を表す副詞もよく使われます。

  星期天 最 好。（日曜日は一番いい。）
  Xīngqītiān zuì hǎo.
  冬天 非常 冷。（冬は非常に寒いです。）
  Dōngtiān fēicháng lěng.
  这个 菜 有点儿 辣。（この料理は少し辛いです）
  Zhège cài yǒudiǎnr là.
  最近 身体 不 太 好。（最近体があまり良くありません。）
  Zuìjìn shēntǐ bú tài hǎo.
  汉语 一点儿 也 不 难。（中国語は全然難しくありません。）
  Hànyǔ yìdiǎnr yě bù nán.

〈比較の表現〉

比較の表現は "**〜比〜**"（〜は〜より）の形です。否定は "**〜没有〜**"（〜ほど〜ではない）の形が一般的です。
这个 比 那个 好看。（これはあれよりきれいです。）
Zhège bǐ nàge hǎokàn.
这个 店 比 那个 店 便宜。（この店はあの店より安いです。）
Zhège diàn bǐ nàge diàn piányi.
我 没有 她 高。（わたしは彼女ほど背が高くありません。）
Wǒ méiyǒu tā gāo.

3. 疑問文

1. "吗" を使う疑問文

"吗" を使う疑問文は最も覚えやすく、文の後ろに "吗" をつけるだけです。

好看 吗?（きれいですか。）
Hǎokàn ma?

汉语 难 吗?（中国語は難しいですか。）
Hànyǔ nán ma?

您 买 吗?（お買いになりますか。）
Nín mǎi ma?

你 懂 了 吗?（あなたは分かりましたか。）
Nǐ dǒng le ma?

2. 反復疑問文

反復疑問文とは、述語の主要な成分の肯定形と否定形を並べた形です。述語を「肯定形＋否定形」の形に、つまり "…不…" "…没…" の形で前後に同じ動詞または形容詞を当てはめます。

这 是 不 是 你 的 行李?（これはあなたの荷物ですか。）
Zhè shì bu shì nǐ de xíngli?

这 个 菜 辣 不 辣?（この料理はからいですか。）
Zhège cài là bu là?

你 吃 没 吃 烤鸭?（あなたはダックを食べましたか。）
Nǐ chī mei chī kǎoyā?

3. 省略疑問文

省略疑問文とは、共通の話題について、簡略に尋ねる文です。このときは文末に "呢" が使われ、「どうですか？」の語気を表します。

我 喝 咖啡，你 呢?（わたしはコーヒーにしますが、あなたは？）
Wǒ hē kāfēi, nǐ ne?

我 是 老师，你 呢?（わたしは教師ですが、あなたは？）
Wǒ shì lǎoshī, nǐ ne?

4. 選択疑問文

「あなたはビールにしますか、それとも日本酒にしますか。」のように相手に「A」か「B」かを選択させる疑問文を、選択疑問文といいます。中国語の語順は、"A＋**还是 háishi**＋B" つまり「A それとも B」となります。

你 吃 鱼，还是 吃 肉?（あなたは魚を食べますか、それとも肉を食べますか。）
Nǐ chī yú, háishi chī ròu?

你 喝 咖啡，还是 喝 可乐？（あなたはコーヒーを飲みますか、それともコーラを飲みますか。）
Nǐ hē kāfēi, háishi hē kělè?

5. **疑問詞を使う疑問文**

疑問詞を用いて質問する疑問文もよく使われます。疑問詞に注意して覚えましょう。

你 要 哪个？（あなたはどれがほしいですか。）
Nǐ yào nǎge?

这 是 谁 的 东西？（これはどなたの荷物ですか。）
Zhè shì shéi de dōngxi?（谁は shuí とも読む）

哪位 是 老师？（どなたが先生ですか。）
Nǎ wèi shì lǎoshī?

你 想 去 哪儿？（あなたはどこに行きたいですか。）
Nǐ xiǎng qù nǎr?

你 现在 在 哪里？（あなたは今どこにいますか。）
Nǐ xiànzài zài nǎli?

你 去 什么 地方？（あなたはどこに行きますか。）
Nǐ qù shénme dìfang?

今天 星期几？（今日は何曜日ですか。）
Jīntiān xīngqī jǐ?

你 每天 几 点 上班？（あなたは毎日何時に出勤しますか。）
Nǐ měitiān jǐ diǎn shàngbān?

你 的 生日 是 几 月 几 号？（あなたの誕生日は何月何日ですか。）
Nǐ de shēngri shì jǐ yuè jǐ hào?

你 什么 时候 去 上海？（あなたはいつ上海に行きますか。）
Nǐ shénme shíhou qù Shànghǎi?

这个 多少 钱？（これはいくらですか。）
Zhège duōshao qián?

十 块 怎么样？（10元でいかがですか。）
Shí kuài zěnmeyàng?

去 机场 怎么 走？（空港にはどう行きますか。）
Qù jīchǎng zěnme zǒu?

你 为什么 没 买？（あなたはなぜ買わなかったのですか。）
Nǐ wèi shénme méi mǎi?

練習ドリル 4

1回目	2回目	3回目
/30	/30	/30

25～30点　その調子で！
16～24点　もう少し！
0～15点　がんばろう！

次の文について、与えられた日本語の意味になるように、[　]内に適当な中国語を入れなさい。

A (1) 他们［　　］不是日本人。　　　彼らも日本人ではありません。
(2) 我们［　　］是学生。　　　わたしたちは皆学生です。
(3) 我［　　］听音乐。　　　わたしは音楽を聞くのが好きです。
(4) 我会［　　］英语。　　　わたしは英語が話せます。
(5) 我［　　］去北京［　　］。　　　わたしは北京へ旅行に行きたい。
(6) 我去［　　］借书。　　　わたしは図書館へ本を借りに行きます。
(7) 我还［　　］去过上海。　　　わたしはまだ上海に行ったことがありません。
(8) 我去［　　］中国。　　　わたしは中国に行ったことがあります。
(9) 我还没吃［　　］呢。　　　わたしはまだ夕食を食べていません。
(10) 我昨天买了［　　］词典。　　　わたしは昨日1冊の辞書を買いました。

B (1) 银行在车站［　　］。　　　銀行は駅の右側にあります。
(2) 商店在饭店［　　］前边儿。　　　商店はホテルの前にあります。
(3) 我们学校有很［　　］学生。　　　わたしたちの学校にはたくさんの学生がいます。
(4) 教室里有桌子［　　］椅子。　　　教室には机と椅子があります。
(5) 你星期六下午［　　］时间吗？　　　あなたは土曜日の午後に時間がありますか。
(6) 我也有［　　］姐姐。　　　わたしも1人の姉がいます。
(7) 那个电影［　　］有意思。　　　あの映画は非常に面白いです。
(8) 我最近身体［　　］好。　　　わたしは最近体調があまりよくありません。
(9) 这个比［　　］便宜。　　　これはあれより安いです。
(10) 这个比那个［　　］。　　　これはあれよりいいです。

C (1) 你想［　　］哪儿？　　　あなたはどこへ行きますか。
(2) 这是谁［　　］课本？　　　これはどなたの教科書ですか。
(3) 这是［　　］你的词典？　　　これはあなたの辞書ですか。
(4) 他的画［　　］不贵？　　　彼の絵は高いですか。
(5) 你［　　］做什么呢？　　　あなたはなにをしていますか。
(6) 我［　　］开会呢。　　　わたしは会議に出ています。
(7) 你［　　］电脑了吗？　　　あなたはパソコンを買いましたか。
(8) 这个菜［　　］那个菜好吃。　　　この料理はあの料理ほどおいしくありません。
(9) 她们都［　　］学汉语。　　　彼女たちはみな中国語を勉強したいと思っています。
(10) 她们不［　　］是学生。　　　彼女たちは皆学生というわけではありません。

模擬テスト 4 解答用紙

点数 ／60
46〜60点 その調子で！
31〜45点 もう少し！
0〜30点 がんばろう！

次の各問題にある選択肢を正しい順に並べて、文章を完成させなさい。

A (1) わたしは毎日7時半に起きます。
　　 ＿＿＿ ＿＿＿ ＿＿＿ ＿＿＿ 。
　　 ①起床　②七点半　③毎天　④我

(2) わたしは月曜日から金曜日まで働きます。
　　 ＿＿＿ ＿＿＿ ＿＿＿ ＿＿＿ 。
　　 ①到星期五　②工作　③我　④从星期一

(3) わたしの妹も中国語を勉強しています。
　　 ＿＿＿ ＿＿＿ ＿＿＿ ＿＿＿ 。
　　 ①也　②我妹妹　③汉语　④学习

(4) わたしは日曜日の夜に母に電話をかけます。
　　 我 ＿＿＿ ＿＿＿ ＿＿＿ ＿＿＿ 。
　　 ①打电话　②妈妈　③给　④星期天晚上

(5) わたしは土曜日と日曜日休みです。
　　 我 ＿＿＿ ＿＿＿ ＿＿＿ ＿＿＿ 。
　　 ①和　②星期天　③休息　④星期六

B (1) あなたは友人に手紙を書きますか。
　　 你 ＿＿＿ ＿＿＿ ＿＿＿ ＿＿＿ 吗?
　　 ①信　②朋友　③写　④给

(2) わたしは昨日テレビを見ませんでした。
　　 我 ＿＿＿ ＿＿＿ ＿＿＿ ＿＿＿ 。
　　 ①电视　②看　③昨天　④没

(3) わたしはまだ北京に行ったことがありません。
　　 我 ＿＿＿ ＿＿＿ ＿＿＿ ＿＿＿ 。
　　 ①北京　②没　③还　④去过

(4) わたしはコーヒーを飲むのが好きではありません。
　　 我 ＿＿＿ ＿＿＿ ＿＿＿ ＿＿＿ 。
　　 ①咖啡　②喜欢　③不　④喝

(5) 父は最近体調があまりよくありません。
　　 爸爸 ＿＿＿ ＿＿＿ ＿＿＿ ＿＿＿ 。
　　 ①好　②最近　③身体　④不太

C (1) 銀行はホテルの左側にあります。

　　　___ ___ ___ ___。
　　　①在　　　②饭店　　　③左边儿　　　④银行

(2) あなたは何茶を買いたいですか。

　　　你 ___ ___ ___ ___ ？
　　　①茶　　　②什么　　　③买　　　　　④想

(3) 彼らも皆大学生です。

　　　他们 ___ ___ ___ ___。
　　　①大学生　②是　　　　③都　　　　　④也

(4) あなたは大学で何を勉強していますか。

　　　你 ___ ___ ___ ___ ？
　　　①什么　　②大学　　　③学　　　　　④在

(5) これはあれより安い。

　　　___ ___ ___ ___。
　　　①便宜　　②比　　　　③那个　　　　④这个

D (1) この料理は全然からくありません。

　　　___ ___ ___ ___。
　　　①辣　　　②菜　　　　③一点儿也不　④这个

(2) あなたの家はどこにありますか。

　　　___ ___ ___ ___ ？
　　　①哪儿　　②家　　　　③在　　　　　④你

(3) 彼らも日本人ではありません。

　　　___ ___ ___ ___。
　　　①日本人　②不是　　　③他们　　　　④也

(4) この料理は少し塩からいです。

　　　___ ___ ___ ___。
　　　①咸　　　②菜　　　　③这个　　　　④有点儿

(5) 今日は昨日より暖かいです。

　　　___ ___ ___ ___。
　　　①比　　　②暖和　　　③昨天　　　　④今天

E (1) これはあなたの荷物ですか。
　　　这 _____ _____ _____ _____ ?
　　　①行李　　②不是　　③是　　④你的
(2) 教室には 2 枚の地図があります。
　　　_____ _____ _____ _____ 。
　　　①地图　　②教室里　　③有　　④两张
(3) わたしは中国語の辞書を 2 冊持っています。
　　　我 _____ _____ _____ _____ 。
　　　①汉语词典　　②本　　③有　　④两
(4) これは誰の携帯電話ですか。
　　　_____ _____ _____ _____ ?
　　　①是　　②手机　　③这　　④谁的
(5) わたしたちは皆車を運転できます。
　　　我们 _____ _____ _____ _____ 。
　　　①车　　②会　　③都　　④开

F (1) わたしたちはコーヒーを飲みに行きましょう。
　　　我们 _____ _____ _____ _____ 。
　　　①咖啡　　②吧　　③喝　　④去
(2) わたしは図書館へ本を借りに行きます。
　　　我 _____ _____ _____ _____ 。
　　　①书　　②去　　③借　　④图书馆
(3) あなたは明日どこに行きたいですか。
　　　你 _____ _____ _____ _____ ?
　　　①什么地方　　②想　　③明天　　④去
(4) 妹は音楽を聞くのがとても好きです。
　　　妹妹 _____ _____ _____ _____ 。
　　　①音乐　　②非常　　③听　　④喜欢
(5) あなたも車を運転できますか。
　　　你 _____ _____ _____ _____ ?
　　　①也　　②车　　③开　　④会

第2部 筆記 ❹

G (1) わたしはまだ夕食を食べていません。
　　　我 _____ _____ _____ _____ 。
　　　①晩饭　　　②吃　　　　③没　　　　④还

(2) わたしは日曜日学校に行きません。
　　　我 _____ _____ _____ _____ 。
　　　①学校　　　②去　　　　③星期天　　④不

(3) この辞書は誰のですか。
　　　_____ _____ _____ _____ ?
　　　①词典　　　②谁的　　　③是　　　　④这本

(4) 机の上には1本の万年筆があります。
　　　_____ _____ _____ _____ 。
　　　①有　　　　②钢笔　　　③一枝　　　④桌子上

(5) 彼女は英語が話せません。
　　　她 _____ _____ _____ _____ 。
　　　①英语　　　②说　　　　③会　　　　④不

H (1) あなたの家は何人家族ですか。
　　　你 _____ _____ _____ _____ ?
　　　①几口　　　②家　　　　③人　　　　④有

(2) わたしは2回電話しました。
　　　我 _____ _____ _____ _____ 。
　　　①电话　　　②次　　　　③两　　　　④打了

(3) 北京ダックはおいしいですか。
　　　_____ _____ _____ _____ ?
　　　①烤鸭　　　②不好吃　　③北京　　　④好吃

(4) わたしたちは皆中国語が話せます。
　　　我们 _____ _____ _____ _____ 。
　　　①汉语　　　②说　　　　③会　　　　④都

(5) わたしは上海へ旅行に行きたいです。
　　　我 _____ _____ _____ _____ 。
　　　①旅行　　　②去　　　　③想　　　　④上海

I (1) あの映画はとてもおもしろい。

　　　____ ____ ____ ____ 。
　　　①有意思　②电影　③非常　④那个

(2) 先生は今教室にいません。

　　　____ ____ ____ ____ 。
　　　①教室　②不在　③现在　④老师

(3) あなたの買いたいものはどれですか。

　　　你 ____ ____ ____ ____ ?
　　　①哪个　②是　③买的　④想

(4) あなたは紅茶を飲みますか、それとも花茶を飲みますか。

　　　你 ____ ____ ____ ____ ?
　　　①花茶　②喝　③还是　④红茶

(5) お名前はどう書きますか。

　　　你 ____ ____ ____ ____ ?
　　　①怎么　②名字　③的　④写

J (1) わたしは明日あなたに電話します。

　　　我 ____ ____ ____ ____ 。
　　　①电话　②打　③明天　④给你

(2) 前方に一つトイレがあります。

　　　____ ____ ____ ____ 。
　　　①厕所　②前边儿　③个　④有

(3) わたしも中国語が話せます。

　　　我 ____ ____ ____ ____ 。
　　　①汉语　②说　③会　④也

(4) 妹はわたしよりきれいです。

　　　____ ____ ____ ____ 。
　　　①我　②妹妹　③漂亮　④比

(5) 彼らは皆わたしの友人です。

　　　他们 ____ ____ ____ ____ 。
　　　①是　②都　③朋友　④我的

K (1) あなたは毎日何時に朝食を食べますか。
你 _____ _____ _____ _____?
①早饭　　②每天　　③吃　　④几点

(2) 教室には机と椅子があります。
教室里 _____ _____ _____ _____。
①椅子　　②桌子　　③和　　④有

(3) あなたは日曜日の午後、時間がありますか。
你 _____ _____ _____ _____ 吗?
①时间　　②下午　　③有　　④星期天

(4) わたしを少し待っていて。
_____ _____ _____ _____。
①我　　②一会儿　　③等　　④你

(5) わたしは歌が歌えません。
我 _____ _____ _____ _____。
①歌　　②会　　③不　　④唱

L (1) 一緒に商店へ買い物に行きます。
_____ _____ _____ _____。
①东西　　②去商店　　③一起　　④买

(2) あなたはいつ北京に行きますか。
_____ _____ _____ _____?
①北京　　②去　　③你　　④什么时候

(3) わたしは万里の長城に2回行ったことがあります。
我 _____ _____ _____ _____。
①两次　　②过　　③万里长城　　④去

(4) お父さんは仕事があまり忙しくありません。
_____ _____ _____ _____。
①工作　　②爸爸　　③忙　　④不太

(5) 商店は郵便局の右側にあります。
商店 _____ _____ _____ _____。
①的　　②邮局　　③右边儿　　④在

練習ドリル 4 解答と解説

A
(1) 他们 [**也**] 不是日本人。　　彼らも日本人ではありません。
　　Tāmen yě bú shì Rìběnrén.

(2) 我们 [**都**] 是学生。　　わたしたちは皆学生です。
　　Wǒmen dōu shì xuésheng.

(3) 我 [**喜欢**] 听音乐。　　わたしは音楽を聞くのが好きです。
　　Wǒ xǐhuan tīng yīnyuè.

(4) 我会 [**说**] 英语。　　わたしは英語が話せます。
　　Wǒ huì shuō Yīngyǔ.

(5) 我 [**想**] 去北京 [**旅行**]。　　わたしは北京へ旅行に行きたい。
　　Wǒ xiǎng qù Běijīng lǚxíng.

(6) 我去 [**图书馆**] 借书。　　わたしは図書館へ本を借りに行きます。
　　Wǒ qù túshūguǎn jiè shū.

(7) 我还 [**没**] 去过上海。　　わたしはまだ上海に行ったことがありません。
　　Wǒ hái méi qùguo Shànghǎi.

(8) 我去 [**过**] 中国。　　わたしは中国に行ったことがあります。
　　Wǒ qùguo Zhōngguó.

(9) 我还没吃 [**晚饭**] 呢。　　わたしはまだ夕食を食べていません。
　　Wǒ hái méi chī wǎnfàn ne.

(10) 我昨天买了 [**一本**] 词典。　　わたしは昨日1冊の辞書を買いました。
　　Wǒ zuótiān mǎile yì běn cídiǎn.

B
(1) 银行在车站 [**右边儿**]。　　銀行は駅の右側にあります。
　　Yínháng zài chēzhàn yòubianr.

(2) 商店在饭店 [**的**] 前边儿。　　商店はホテルの前にあります。
　　Shāngdiàn zài fàndiàn de qiánbianr.

(3) 我们学校有很 [**多**] 学生。　　わたしたちの学校にはたくさんの学生がいます。
　　Wǒmen xuéxiào yǒu hěn duō xuéshen.

(4) 教室里有桌子 [**和**] 椅子。　　教室には机と椅子があります。
　　Jiàoshì li yǒu zhuōzi hé yǐzi.

(5) 你星期六下午 [**有**] 时间吗?　　あなたは土曜日の午後に時間がありますか。
　　Nǐ xīngqīliù xiàwǔ yǒu shíjiān ma?

(6) 我也有 [一个] 姐姐。　　　　わたしも1人の姉がいます。
　　 Wǒ yě yǒu yí ge jiějie.

(7) 那个电影 [非常] 有意思。　　あの映画は非常に面白いです。
　　 Nàge diànyǐng fēicháng yǒuyìsi.

(8) 我最近身体 [不太] 好。　　　わたしは最近体調があまりよくありません。
　　 Wǒ zuìjìn shēntǐ bútài hǎo.

(9) 这个比 [那个] 便宜。　　　　これはあれより安いです。
　　 Zhège bǐ nàge piányi.

(10) 这个比那个 [好]。　　　　　これはあれよりいいです。
　　 Zhège bǐ nàge hǎo.

C (1) 你想 [去] 哪儿?　　　　　あなたはどこへ行きますか。
　　 Nǐ xiǎng qù nǎr?

(2) 这是谁 [的] 课本?　　　　　これはどなたの教科書ですか。
　　 Zhè shì shéi de kèběn?

(3) 这是 [不是] 你的词典?　　　これはあなたの辞書ですか。
　　 Zhè shì bú shì nǐ de cídiǎn?

(4) 他的画 [贵] 不贵?　　　　　彼の絵は高いですか。
　　 Tā de huà guì bú guì?

(5) 你 [在] 做什么呢?　　　　　あなたはなにをしていますか。
　　 Nǐ zài zuò shénme ne?

(6) 我 [正在] 开会呢。　　　　　わたしは会議に出ています。
　　 Wǒ zhèngzài kāihuì ne.

(7) 你 [买] 电脑了吗?　　　　　あなたはパソコンを買いましたか。
　　 Nǐ mǎi diànnǎo le ma?

(8) 这个菜 [没有] 那个菜好吃。　この料理はあの料理ほどおいしくありません。
　　 Zhè ge cài méiyǒu nà ge cài hǎochī.

(9) 她们都 [想] 学汉语。　　　　彼女たちはみな中国語を勉強したいと思っています。
　　 Tāmen dōu xiǎng xué Hànyǔ.

(10) 她们不 [都] 是学生。　　　　彼女たちは皆学生というわけではありません。
　　 Tāmen bù dōu shì xuésheng.

模擬テスト 4 解答

A
- (1) ④③②①。 我每天七点半起床。 わたしは毎日7時半に起きます。
- (2) ③④①②。 我从星期一到星期五工作。 わたしは月曜日から金曜日まで働きます。
- (3) ②①④③。 我妹妹也学习汉语。 わたしの妹も中国語を勉強しています。
- (4) 我④③②①。 我星期天晚上给妈妈打电话。 わたしは日曜日の夜に母に電話をかけます。
- (5) 我④①②③。 我星期六和星期天休息。 わたしは土曜日と日曜日休みです。

B
- (1) 你④②③①吗? 你给朋友写信吗? あなたは友人に手紙を書きますか。
- (2) 我③④②①。 我昨天没看电视。 わたしは昨日テレビを見ませんでした。
- (3) 我③②④①。 我还没去过北京。 わたしはまだ北京に行ったことがありません。
- (4) 我③②④①。 我不喜欢喝咖啡。 わたしはコーヒーを飲むのが好きではありません。
- (5) 爸爸②③④①。 爸爸最近身体不太好。 父は最近体調があまりよくありません。

C
- (1) ④①②③。 银行在饭店左边儿。 銀行はホテルの左側にあります。
- (2) 你④③②①? 你想买什么茶? あなたは何茶を買いたいですか。
- (3) 他们④③②①。 他们也都是大学生。 彼らも皆大学生です。
- (4) 你④②③①? 你在大学学什么? あなたは大学で何を勉強していますか。
- (5) ④②③①。 这个比那个便宜。 これはあれより安い。

D
- (1) ④②③①。 这个菜一点儿也不辣。 この料理は全然からくありません。
- (2) ④②③①? 你家在哪儿? あなたの家はどこにありますか。
- (3) ③④②①。 他们也不是日本人。 彼らも日本人ではありません。
- (4) ③②④①。 这个菜有点儿咸。 この料理は少し塩からいです。
- (5) ④①③②。 今天比昨天暖和。 今日は昨日より暖かいです。

E (1)	这③②④①?	这是不是你的行李?	これはあなたの荷物ですか。
(2)	②③④①。	教室里有两张地图。	教室には2枚の地図があります。
(3)	我③④②①。	我有两本汉语词典。	わたしは中国語の辞書を2冊持っています。
(4)	③①④②?	这是谁的手机?	これは誰の携帯電話ですか。
(5)	我们③②④①。	我们都会开车。	わたしたちは皆車を運転できます。
F (1)	我们④③①②。	我们去喝咖啡吧。	わたしたちはコーヒーを飲みに行きましょう。
(2)	我②④③①。	我去图书馆借书。	わたしは図書館へ本を借りに行きます。
(3)	你③②④①?	你明天想去什么地方?	あなたは明日どこに行きたいですか。
(4)	妹妹②④③①。	妹妹非常喜欢听音乐。	妹は音楽を聞くのがとても好きです。
(5)	你①④③②?	你也会开车?	あなたも車を運転できますか。
G (1)	我④③②①。	我还没吃晚饭。	わたしはまだ夕食を食べていません。
(2)	我③④②①。	我星期天不去学校。	わたしは日曜日学校に行きません。
(3)	④①③②?	这本词典是谁的?	この辞書は誰のですか。
(4)	④①③②。	桌子上有一枝钢笔。	机の上には1本の万年筆があります。
(5)	她④③②①。	她不会说英语。	彼女は英語が話せません。
H (1)	你②④①③?	你家有几口人?	あなたの家は何人家族ですか。
(2)	我④③②①。	我打了两次电话。	わたしは2回電話しました。
(3)	③①④②?	北京烤鸭好吃不好吃?	北京ダックはおいしいですか。
(4)	我们④③②①。	我们都会说汉语。	わたしたちは皆中国語が話せます。
(5)	我③②④①。	我想去上海旅行。	わたしは上海へ旅行に行きたいです。

I	(1) ④②③①。	那个电影非常有意思。	あの映画はとてもおもしろい。
	(2) ④③②①。	老师现在不在教室。	先生は今教室にいません。
	(3) 你④③②①?	你想买的是哪个?	あなたの買いたいものはどれですか。
	(4) 你②④③①?	你喝红茶还是花茶?	あなたは紅茶を飲みますか、それとも花茶を飲みますか。
	(5) 你③②①④?	你的名字怎么写?	お名前はどう書きますか。
J	(1) 我③④②①。	我明天给你打电话。	わたしは明日あなたに電話します。
	(2) ②④③①。	前边儿有个厕所。	前方に一つトイレがあります。
	(3) 我④③②①。	我也会说汉语。	わたしも中国語が話せます。
	(4) ②④①③。	妹妹比我漂亮。	妹はわたしよりきれいです。
	(5) 他们②①④③。	他们都是我的朋友。	彼らは皆わたしの友人です。
K	(1) 你②④③①。	你每天几点吃早饭?	あなたは毎日何時に朝食を食べますか。
	(2) 教室里④②③①。	教室里有桌子和椅子。	教室には机と椅子があります。
	(3) 你④②③①吗?	你星期天下午有时间吗?	あなたは日曜日の午後、時間がありますか。
	(4) ④③①②。	你等我一会儿。	わたしを少し待っていて。
	(5) 我③②④①。	我不会唱歌。	わたしは歌が歌えません。
L	(1) ③②④①。	一起去商店买东西。	一緒に商店へ買い物に行きます。
	(2) ③④②①?	你什么时候去北京?	あなたはいつ北京に行きますか。
	(3) 我④②①③。	我去过两次万里长城。	わたしは万里の長城に2回行ったことがあります。
	(4) ②①④③。	爸爸工作不太忙。	お父さんは仕事があまり忙しくありません。
	(5) 商店④②①③。	商店在邮局的右边儿。	商店は郵便局の右側にあります。

第2部 筆記5 簡体字表記

出題パターンはコレだ！

〔例題〕次の (1) a, b, (2) a, b の日本語で用いる漢字を中国語の簡体字に書き改めなさい。（漢字は崩したり略したりせず丁寧に書くこと。）（8点）

(1)　a　歳　　b　銭

〔正解〕a　岁　　b　钱

〔解説〕中国語の簡体字では、「歳」は「**岁**」、「銭」は「**钱**」と書きます。

〔狙い〕日本語の漢字と簡体字の漢字は①同じもの②大きく異なるもの③やや異なるもの、の3種類があります。例題のaのようにまったく違う形のものはかえって覚えやすいかもしれません。Bのように「へん」が少し違い、「つくり」のほうも横棒が1本少ないなど、小さな違いは書くときにうっかりしがちです。「へん」や「つくり」の書き方の違いを何度も書いて覚えましょう。

合格のための攻略ポイント！

1. 過去には以下のような漢字が出題されています。

東→**东**　　　業→**业**
進→**进**　　　発→**发**
漢→**汉**　　　語→**语**
練→**练**　　　遠→**远**
習→**习**　　　筆→**笔**

2. 日本語と違う書き方の漢字を覚えよう。

[かねへん]　钅　5画

钱	qián	お金
钱包	qiánbāo	財布
错	cuò	間違い
不错	búcuò	素晴らしい
地铁	dìtiě	地下鉄
钢笔	gāngbǐ	万年筆
铅笔	qiānbǐ	鉛筆

	眼镜	yǎnjìng	眼鏡
	钥匙	yàoshi	鍵
	银行	yínháng	銀行
	钟	zhōng	時間を表す
	钟头	zhōngtóu	時間

[ごんべん]	讠 2画		
	谁	shuí	誰
	词典	cídiǎn	辞書
	电话	diànhuà	電話
	小说	xiǎoshuō	小説
	讲	jiǎng	話す
	读	dú	読む
	告诉	gàosu	告げる
	话	huà	言葉
	课	kè	授業
	课本	kèběn	教科書
	下课	xiàkè	授業が終わる
	上课	shàngkè	授業が始まる
	请	qǐng	どうぞ
	认识	rènshi	面識がある
	认真	rènzhēn	真面目である
	外语	wàiyǔ	外国語
	日语	Rìyǔ	日本語
	英语	Yīngyǔ	英語
	汉语	Hànyǔ	中国語
	试	shì	試す
	说	shuō	言う
	应该	yīnggāi	…すべき
	谈	tán	話す

[しょくへん]	饣 3画		
	饭	fàn	ご飯
	早饭	zǎofàn	朝食

	午饭	wǔfàn	昼食
	晚饭	wǎnfàn	夕食
	吃饭	chī fàn	ご飯を食べる
	做饭	zuò fàn	ご飯を作る
	饭店	fàndiàn	レストラン / ホテル
	饿	è	お腹がすく
	饺子	jiǎozi	餃子
	图书馆	túshūguǎn	図書館
[いとへん]	纟 3画		
	纸	zhǐ	紙
	细	xì	細い
	练习	liànxí	練習
	红	hóng	赤
	绿	lǜ	緑
	红茶	hóngchá	紅茶
	给	gěi	与える
	年级	niánjí	学年
	年纪	niánjì	年齢
	介绍	jièshào	紹介する
	结婚	jiéhūn	結婚
	经常	jīngcháng	いつも
	已经	yǐjing	すでに
[うまへん]	马	mǎ	馬
	吗	ma	か
	妈	mā	母
	骂	mà	罵る
	号码	hàomǎ	番号
	骑	qí	跨って乗る
	劳驾	láojià	すみません
[もんがまえ]	门	mén	門
	你们	nǐmen	あなたたち
	闭	bì	閉まる
	问	wèn	聞く
	问题	wèntí	問題
	请问	qǐngwèn	お尋ねする

房间	fángjiān	部屋
热闹	rènao	にぎやかである
阅览	yuèlǎn	閲覧する
时间	shíjiān	時間
简单	jiǎndān	簡単である

[しめすへん]　礻　4画　ころもへんより1画少ない。

幸福	xìngfú	幸福
祝	zhù	祈る

[ころもへん]　衤　5画　しめすへんより1画多い。

初次	chūcì	初めて
衬衫	chènshān	シャツ
裤子	kùzi	ズボン
袜子	wàzi	靴下
裙子	qúnzi	スカート
被	bèi	布団

[みる（見）]　见　4画　见の最後の1画ははねる。

再见	zàijiàn	さようなら
参观	cānguān	見学する
觉得	juéde	思う
现在	xiànzài	現在
电视	diànshì	テレビ
睡觉	shuìjiào	寝る

[かい（貝）]　贝　4画　贝の最後の1画ははねない。

贵	guì	（値段が）高い
祝贺	zhùhè	祝う
房费	fángfèi	部屋代

[とり（鳥）]　鸟　5画

鸡	jī	にわとり
鸡蛋	jīdàn	たまご
鸡肉	jīròu	鶏肉
烤鸭	kǎoyā	ダック

[くるま（車）]	车	4画	2画目に注意する。
	车站	chēzhàn	駅
	汽车	qìchē	自動車
	电车	diànchē	電車
	坐车	zuò chē	車に乗る
	下车	xià chē	車を降りる
	换车	huàn chē	乗り換える
	火车	huǒchē	汽車
	自行车	zìxíngchē	自転車
	出租车	chūzūchē	タクシー
	公共汽车	gōnggòng qìchē	バス
	轻	qīng	軽い
	年轻	niánqīng	若い
	辆	liàng	…台

楽 ⟶ 乐　5画
　　　快乐　　kuàilè　　　楽しい
　　　可口可乐　kěkǒukělè　コカコーラ

書 ⟶ 书　4画
　　　汉语书　Hànyǔshū　中国語の本

練 ⟶ 练　8画

東 ⟶ 东　5画　2画目に注意する。

模擬テスト5 解答用紙

点数 ／80

61〜80点　その調子で！
41〜60点　もう少し！
0〜40点　がんばろう！

次の日本語で用いる漢字を、それぞれ中国語の簡体字に書き改めなさい。漢字は正確かつ丁寧に書くこと。

A (1) 東

(2) 発

(3) 車

(4) 漢

(5) 練

B (1) 習

(2) 進

(3) 業

(4) 遠

(5) 銭

C (1) 歳

(2) 筆

(3) 請

(4) 問

(5) 課

D (1) 長

(2) 見

(3) 雑

(4) 誌

(5) 書

E (1) 楽

(2) 頭

(3) 髪

(4) 窓

(5) 愛

F (1) 買

(2) 郵

(3) 図

(4) 紙

(5) 包

G (1) 錯

(2) 対

(3) 鉄

(4) 電

(5) 読

H (1) 飯

(2) 飛

(3) 機

(4) 風

(5) 謝

I (1)　給

(2)　間

(3)　館

(4)　関

(5)　喫

J (1)　紅

(2)　後

(3)　辺

(4)　話

(5)　鶏

K (1)　幾

(2)　難

(3)　両

(4)　馬

(5)　門

L (1)　過

(2)　節

(3)　壊

(4)　園

(5)　現

M (1) 視

(2) 貴

(3) 船

(4) 帯

(5) 開

N (1) 傘

(2) 天気

(3) 鉛筆

(4) 歴史

(5) 餃子

O (1) 機会

(2) 太陽

(3) 紅茶

(4) 漢字

(5) 公園

P (1) 電車

(2) 電話

(3) 時間

(4) 頭髪

(5) 地図

模擬テスト 5 解答と解説

A	(1)	東	东	dōng		**E**	(1)	楽	乐	lè
	(2)	発	发	fā			(2)	頭	头	tóu
	(3)	車	车	chē			(3)	髪	发	fà
	(4)	漢	汉	hàn			(4)	窓	窗	chuāng
	(5)	練	练	liàn			(5)	愛	爱	ài
B	(1)	習	习	xí		**F**	(1)	買	买	mǎi
	(2)	進	进	jìn			(2)	郵	邮	yóu
	(3)	業	业	yè			(3)	図	图	tú
	(4)	遠	远	yuǎn			(4)	紙	纸	zhǐ
	(5)	錢	钱	qián			(5)	包	包	bāo
C	(1)	歲	岁	suì		**G**	(1)	錯	错	cuò
	(2)	筆	笔	bǐ			(2)	対	对	duì
	(3)	請	请	qǐng			(3)	鉄	铁	tiě
	(4)	問	问	wèn			(4)	電	电	diàn
	(5)	課	课	kè			(5)	読	读	dú
D	(1)	長	长	cháng		**H**	(1)	飯	饭	fàn
	(2)	見	见	jiàn			(2)	飛	飞	fēi
	(3)	雑	杂	zá			(3)	機	机	jī
	(4)	誌	志	zhì			(4)	風	风	fēng
	(5)	書	书	shū			(5)	謝	谢	xiè

I	(1)	給	给	gěi		**M**	(1)	視	视	shì
	(2)	間	间	jiān			(2)	貴	贵	guì
	(3)	館	馆	guǎn			(3)	船	船	chuán
	(4)	関	关	guān			(4)	帶	带	dài
	(5)	喫	吃	chī			(5)	開	开	kāi
J	(1)	紅	红	hóng		**N**	(1)	傘	伞	sǎn
	(2)	後	后	hòu			(2)	天気	天气	tiānqì
	(3)	边	边	biān			(3)	鉛筆	铅笔	qiānbǐ
	(4)	話	话	huà			(4)	歷史	历史	lìshǐ
	(5)	鶏	鸡	jī			(5)	餃子	饺子	jiǎozi
K	(1)	幾	几	jǐ		**O**	(1)	機會	机会	jīhuì
	(2)	難	难	nán			(2)	太陽	太阳	tàiyáng
	(3)	両	两	liǎng			(3)	紅茶	红茶	hóngchá
	(4)	馬	马	mǎ			(4)	漢字	汉字	Hànzì
	(5)	門	门	mén			(5)	公園	公园	gōngyuán
L	(1)	過	过	guò		**P**	(1)	電車	电车	diànchē
	(2)	節	节	jié			(2)	電話	电话	diànhuà
	(3)	壊	坏	huài			(3)	時間	时间	shíjiān
	(4)	園	园	yuán			(4)	頭髮	头发	tóufa
	(5)	現	现	xiàn			(5)	地圖	地图	dìtú

第2部 筆記6 日文中訳（語句）

出題パターンはコレだ！

〔例題〕A：次の（3）の日本語を中国語に訳し、漢字（簡体字）で書きなさい。（漢字は崩したり略したりせずに丁寧に書くこと。）(12点)

(3) でんしゃ

〔正解〕 电车

B：次の（5）の語句を中国語に訳し、漢字（簡体字）で書きなさい。漢字は正確かつ丁寧に書くこと。(12点)

(5) 話す

〔正解〕 说 / 说话 / 讲

〔解説〕Aの「でんしゃ」はそのまま"电车"ですので「電」が"电"、「車」が"车"という簡体字になることに気をつけます。

Bの「話す」は"说""说话""讲"の三つが正解となることに注意しましょう。このほか、「読む」が"看""读"の二通り、「〜曜日」が"星期〜""礼拜〜""周〜"の三通りあるなど、複数の正解がある語句もいくつか出題されています。どれか一つを書けば正解です。

〔狙い〕このカテゴリの出題形式は、上記のA、Bの2パターンあります。
出題の多い品詞は動詞（その目的語を含む）、名詞、あいさつ、形容詞、数量詞の順になっています。
簡体字と日本語の字と書き方が違うものに注意しましょう。
また、正解が2つ以上あるものは、普段から複数の言い方を覚えておくようにしましょう。

合格のための攻略ポイント！

近年の中検準4級では以下のような問題が出ています。
動　詞：
　話す→**说・说话・讲**
　授業が終わる→**下课**
　新聞を読む→**看报・读报**

本を読む→**看书・读书**
ご飯を食べる→**吃饭**
本を買う→**买书**
パンを買う→**买面包**
雑誌を買う→**买杂志**
買い物をする→**买东西**
音楽を聴く→**听音乐**
漢字を書く→**写汉字**

名　詞：
電車→**电车**（中検では「でんしゃ」と出題されている）
飛行機→**飞机**
こども→**孩子・小孩儿**
駅（２文字で）→**车站**
目（２文字で）→**眼睛**
おかあさん→**妈妈・妈・母亲**
水曜日→**星期三・礼拜三・周三**
ぼくたち→**我们**

挨　拶：
さようなら！→**再见！**
ありがとう！→**谢谢！**
すみません→**对不起**
どうぞお入りください。→**请进！**

形容詞：
寒くない→**不冷**

数量詞：
２日間→**两天**

模擬テスト 6 解答用紙

点数 ／180

151～180点 その調子で！
91～150点 もう少し！
0～90点 がんばろう！

次の日本語を中国語に訳し、簡体字で書きなさい。

A (1)：図書館　　　　　　　　　　
　(2)：トイレ　　　　　　　　　　
　(3)：ノート　　　　　　　　　　
　(4)：辞書　　　　　　　　　　　
　(5)：万年筆　　　　　　　　　　

B (1)：宿題　　　　　　　　　　　
　(2)：テーブル　　　　　　　　　
　(3)：いす　　　　　　　　　　　
　(4)：写真　　　　　　　　　　　
　(5)：教科書　　　　　　　　　　

C (1)：パソコン　　　　　　　　　
　(2)：本　　　　　　　　　　　　
　(3)：手紙　　　　　　　　　　　
　(4)：封筒　　　　　　　　　　　
　(5)：新聞　　　　　　　　　　　

D (1)：意味　　　　　　　　　　　
　(2)：先生　　　　　　　　　　　
　(3)：医者　　　　　　　　　　　
　(4)：労働者　　　　　　　　　　
　(5)：工場　　　　　　　　　　　

E (1)：飛行機　　　　　　　　　　
　(2)：空港　　　　　　　　　　　
　(3)：タクシー　　　　　　　　　
　(4)：バス　　　　　　　　　　　
　(5)：汽車　　　　　　　　　　　

F (1)：地下鉄　　　　　　　　　　
　(2)：駅　　　　　　　　　　　　
　(3)：切符　　　　　　　　　　　
　(4)：自転車　　　　　　　　　　
　(5)：切手　　　　　　　　　　　

G (1)：郵便局　　　　　　　　　　
　(2)：木　　　　　　　　　　　　
　(3)：ビル　　　　　　　　　　　
　(4)：壁　　　　　　　　　　　　
　(5)：窓　　　　　　　　　　　　

H (1)：ドア　　　　　　　　　　　
　(2)：鍵　　　　　　　　　　　　
　(3)：ベッド　　　　　　　　　　
　(4)：ホテル　　　　　　　　　　
　(5)：サービス

I	(1)：部屋		M	(1)：子供	
	(2)：朝食			(2)：お母さん	
	(3)：昼食			(3)：お父さん	
	(4)：コーヒー			(4)：おじいさん	
	(5)：スープ			(5)：お婆さん	
J	(1)：湯		N	(1)：お姉さん	
	(2)：はし			(2)：お兄さん	
	(3)：パン			(3)：娘	
	(4)：麺			(4)：息子	
	(5)：バナナ			(5)：セーター	
K	(1)：ビール		O	(1)：靴	
	(2)：菓子			(2)：靴下	
	(3)：品物			(3)：コート	
	(4)：テレビ			(4)：顔	
	(5)：映画			(5)：目（2文字で）	
L	(1)：携帯電話		P	(1)：午前	
	(2)：番号			(2)：午後	
	(3)：腕時計			(3)：日曜日	
	(4)：財布			(4)：二日間	
	(5)：プレゼント			(5)：わき	

Q (1)：なに　　　　　＿＿＿＿＿

(2)：アメリカ　　　＿＿＿＿＿

(3)：豚　　　　　　＿＿＿＿＿

(4)：パンダ　　　　＿＿＿＿＿

(5)：みんな　　　　＿＿＿＿＿

R (1)：テニス　　　　＿＿＿＿＿

(2)：サッカー　　　＿＿＿＿＿

(3)：紹介する　　　＿＿＿＿＿

(4)：面識がある　　＿＿＿＿＿

(5)：告げる　　　　＿＿＿＿＿

S (1)：入浴する　　　＿＿＿＿＿

(2)：お茶を飲む　　＿＿＿＿＿

(3)：見学する　　　＿＿＿＿＿

(4)：写真を撮る　　＿＿＿＿＿

(5)：歓迎する　　　＿＿＿＿＿

T (1)：準備する　　　＿＿＿＿＿

(2)：出勤する　　　＿＿＿＿＿

(3)：仕事をする　　＿＿＿＿＿

(4)：歌う　　　　　＿＿＿＿＿

(5)：食べる　　　　＿＿＿＿＿

U (1)：飲む　　　　　＿＿＿＿＿

(2)：車に乗る　　　＿＿＿＿＿

(3)：歩く　　　　　＿＿＿＿＿

(4)：入る　　　　　＿＿＿＿＿

(5)：祈る　　　　　＿＿＿＿＿

V (1)：会う　　　　　＿＿＿＿＿

(2)：買う　　　　　＿＿＿＿＿

(3)：買い物をする　＿＿＿＿＿

(4)：売る　　　　　＿＿＿＿＿

(5)：開ける　　　　＿＿＿＿＿

W (1)：閉める　　　　＿＿＿＿＿

(2)：泣く　　　　　＿＿＿＿＿

(3)：走る　　　　　＿＿＿＿＿

(4)：頼む。どうぞ　＿＿＿＿＿

(5)：試す　　　　　＿＿＿＿＿

X (1)：受け取る　　　＿＿＿＿＿

(2)：寝る（2文字で）＿＿＿＿＿

(3)：相談する　　　＿＿＿＿＿

(4)：遊ぶ　　　　　＿＿＿＿＿

(5)：好む　　　　　＿＿＿＿＿

Y (1)：感謝する　　　＿＿＿＿＿

(2)：車を運転する　＿＿＿＿＿

(3)：（またがって）乗る　＿＿＿＿＿

(4)：自転車に乗る　＿＿＿＿＿

(5)：始まる　　　　＿＿＿＿＿

Z (1)：練習する　　　＿＿＿＿＿

(2)：書く　　　　　＿＿＿＿＿

(3)：手紙を書く　　＿＿＿＿＿

(4)：勉強する　　　＿＿＿＿＿

(5)：音読する　　　＿＿＿＿＿

a (1)：尋ねる　　　　＿＿＿＿＿

 (2)：分かる　　　　＿＿＿＿＿

 (3)：言う　　　　　＿＿＿＿＿

 (4)：話す　　　　　＿＿＿＿＿

 (5)：授業に出る　　＿＿＿＿＿

b (1)：授業が終わる　＿＿＿＿＿

 (2)：聞く　　　　　＿＿＿＿＿

 (3)：音楽を聴く　　＿＿＿＿＿

 (4)：電話をかける　＿＿＿＿＿

 (5)：清潔である　　＿＿＿＿＿

c (1)：(値段が) 高い　＿＿＿＿＿

 (2)：安い　　　　　＿＿＿＿＿

 (3)：悪い　　　　　＿＿＿＿＿

 (4)：煩わしい　　　＿＿＿＿＿

 (5)：簡単である　　＿＿＿＿＿

d (1)：難しい　　　　＿＿＿＿＿

 (2)：緊張している　＿＿＿＿＿

 (3)：(速度が) 速い　＿＿＿＿＿

 (4)：(速度が) 遅い　＿＿＿＿＿

 (5)：からい　　　　＿＿＿＿＿

e (1)：甘い　　　　　＿＿＿＿＿

 (2)：塩からい　　　＿＿＿＿＿

 (3)：暖かい　　　　＿＿＿＿＿

 (4)：涼しい　　　　＿＿＿＿＿

 (5)：熱い　　　　　＿＿＿＿＿

f (1)：美しい（2文字で）＿＿＿＿＿

 (2)：浅い　　　　　＿＿＿＿＿

 (3)：軽い　　　　　＿＿＿＿＿

 (4)：のどが渇いている　＿＿＿＿＿

 (5)：遠い　　　　　＿＿＿＿＿

g (1)：面白い　　　　＿＿＿＿＿

 (2)：同じである　　＿＿＿＿＿

 (3)：太っている　　＿＿＿＿＿

 (4)：若い　　　　　＿＿＿＿＿

 (5)：気分がいい　　＿＿＿＿＿

h (1)：(背が) 低い　　＿＿＿＿＿

 (2)：うれしい　　　＿＿＿＿＿

 (3)：まじめである　＿＿＿＿＿

 (4)：親切である　　＿＿＿＿＿

 (5)：いつ　　　　　＿＿＿＿＿

i (1)：いくら？　　　＿＿＿＿＿

 (2)：どうですか？　＿＿＿＿＿

 (3)：なぜ？　　　　＿＿＿＿＿

 (4)：お入りください。＿＿＿＿＿

 (5)：お掛けください。＿＿＿＿＿

j (1)：お名前は？　　＿＿＿＿＿

 (2)：さようなら　　＿＿＿＿＿

 (3)：本当に　　　　＿＿＿＿＿

 (4)：一緒に　　　　＿＿＿＿＿

 (5)：すでに　　　　＿＿＿＿＿

模擬テスト6 解答と解説

A	(1)	図書館	图书馆	túshūguǎn
	(2)	トイレ	厕所	cèsuǒ
	(3)	ノート	本子	běnzi
	(4)	辞書	词典	cídiǎn
	(5)	万年筆	钢笔	gāngbǐ
B	(1)	宿題	作业	zuòyè
	(2)	テーブル	桌子	zhuōzi
	(3)	いす	椅子	yǐzi
	(4)	写真	照片	zhàopiàn
	(5)	教科書	课本	kèběn
C	(1)	パソコン	电脑	diànnǎo
	(2)	本	书	shū
	(3)	手紙	信	xìn
	(4)	封筒	信封	xìnfēng
	(5)	新聞	报纸	bàozhǐ
D	(1)	意味	意思	yìsi
	(2)	先生	老师	lǎoshī
	(3)	医者	大夫	dàifu
	(4)	労働者	工人	gōngrén
	(5)	工場	工厂	gōngchǎng

E	(1)	飛行機	飞机	fēijī
	(2)	空港	机场	jīchǎng
	(3)	タクシー	出租汽车	chūzūqìchē
	(4)	バス	公共汽车	gōnggòngqìchē
	(5)	汽車	火车	huǒchē
F	(1)	地下鉄	地铁	dìtiě
	(2)	駅	车站	chēzhàn
	(3)	切符	票	piào
	(4)	自転車	自行车	zìxíngchē
	(5)	切手	邮票	yóupiào
G	(1)	郵便局	邮局	yóujú
	(2)	木	树	shù
	(3)	ビル	楼	lóu
	(4)	壁	墙	qiáng
	(5)	窓	窗户	chuānghu
H	(1)	ドア	门	mén
	(2)	鍵	钥匙	yàoshi
	(3)	ベッド	床	chuáng
	(4)	ホテル	饭店	fàndiàn
	(5)	サービス	服务	fúwù

I (1) 部屋	房间	fángjiān
(2) 朝食	早饭	zǎofàn
(3) 昼食	午饭	wǔfàn
(4) コーヒー	咖啡	kāfēi
(5) スープ	汤	tāng
J (1) 湯	开水	kāishuǐ
(2) はし	筷子	kuàizi
(3) パン	面包	miànbāo
(4) 麺	面条	miàntiáo
(5) バナナ	香蕉	xiāngjiāo
K (1) ビール	啤酒	píjiǔ
(2) 菓子	点心	diǎnxin
(3) 品物	东西	dōngxi
(4) テレビ	电视	diànshì
(5) 映画	电影	diànyǐng
L (1) 携帯電話	手机	shǒujī
(2) 番号	号码	hàomǎ
(3) 腕時計	手表	shǒubiǎo
(4) 財布	钱包	qiánbāo
(5) プレゼント	礼物	lǐwù

M (1)	子供	孩子	háizi
(2)	お母さん	妈妈	māma
(3)	お父さん	爸爸	bàba
(4)	おじいさん	爷爷	yéye
(5)	お婆さん	奶奶	nǎinai
N (1)	お姉さん	姐姐	jiějie
(2)	お兄さん	哥哥	gēge
(3)	娘	女儿	nǚ'ér
(4)	息子	儿子	érzi
(5)	セーター	毛衣	máoyī
O (1)	靴	鞋	xié
(2)	靴下	袜子	wàzi
(3)	コート	大衣	dàyī
(4)	顔	脸	liǎn
(5)	目（2文字で）	眼睛	yǎnjing
P (1)	午前	上午	shàngwǔ
(2)	午後	下午	xiàwǔ
(3)	日曜日	星期日(天)/礼拜日(天)/周日	xīngqīrì(tiān)/lǐbàirì(tiān)/zhōurì
(4)	二日間	两天	liǎng tiān
(5)	わき	旁边	pángbiān

Q (1)	なに	什么	shénme
(2)	アメリカ	美国	Měiguó
(3)	豚	猪	zhū
(4)	パンダ	熊猫	xióngmāo
(5)	みんな	大家	dàjiā
R (1)	テニス	网球	wǎngqiú
(2)	サッカー	足球	zúqiú
(3)	紹介する	介绍	jièshào
(4)	面識がある	认识	rènshi
(5)	告げる	告诉	gàosu
S (1)	入浴する	洗澡	xǐzǎo
(2)	お茶を飲む	喝茶	hē chá
(3)	見学する	参观	cānguān
(4)	写真を撮る	照相	zhàoxiàng
(5)	歓迎する	欢迎	huānyíng
T (1)	準備する	准备	zhǔnbèi
(2)	出勤する	上班	shàngbān
(3)	仕事をする	工作	gōngzuò
(4)	歌う	唱	chàng
(5)	食べる	吃	chī

U (1)	飲む	喝	hē
(2)	車に乗る	坐车	zuòchē
(3)	歩く	走	zǒu
(4)	入る	进	jìn
(5)	祈る	祝	zhù
V (1)	会う	见	jiàn
(2)	買う	买	mǎi
(3)	買い物をする	买东西	mǎi dōngxi
(4)	売る	卖	mài
(5)	開ける	开	kāi
W (1)	閉める	关	guān
(2)	泣く	哭	kū
(3)	走る	跑	pǎo
(4)	頼む。どうぞ	请	qǐng
(5)	試す	试	shì
X (1)	受け取る	收	shōu
(2)	寝る（2文字で）	睡觉	shuìjiào
(3)	相談する	商量	shāngliang
(4)	遊ぶ	玩（儿）	wán(r)
(5)	好む	喜欢	xǐhuan

Y	(1) 感謝する	感谢	gǎnxiè
	(2) 車を運転する	开车	kāi chē
	(3) （またがって）乗る	骑	qí
	(4) 自転車に乗る	骑自行车	qí zìxíngchē
	(5) 始まる	开始	kāishǐ
Z	(1) 練習する	练习	liànxí
	(2) 書く	写	xiě
	(3) 手紙を書く	写信	xiě xìn
	(4) 勉強する	学习	xuéxí
	(5) 音読する	念	niàn
a	(1) 尋ねる	问	wèn
	(2) 分かる	懂	dǒng
	(3) 言う	说 / 讲	shuō / jiǎng
	(4) 話す	说 / 讲	shuō / jiǎng
	(5) 授業に出る	上课	shàngkè
b	(1) 授業が終わる	下课	xiàkè
	(2) 聞く	听	tīng
	(3) 音楽を聴く	听音乐	tīng yīnyuè
	(4) 電話をかける	打电话	dǎ diànhuà
	(5) 清潔である	干净	gānjìng

c	(1) （値段が）高い	贵	guì
	(2) 安い	便宜	piányi
	(3) 悪い	坏	huài
	(4) 煩わしい	麻烦	máfan
	(5) 簡単である	简单	jiǎndān
d	(1) 難しい	难	nán
	(2) 緊張している	紧张	jǐnzhāng
	(3) （速度が）速い	快	kuài
	(4) （速度が）遅い	慢	màn
	(5) からい	辣	là
e	(1) 甘い	甜	tián
	(2) 塩からい	咸	xián
	(3) 暖かい	暖和	nuǎnhuo
	(4) 涼しい	凉	liáng
	(5) 熱い	热	rè
f	(1) 美しい（2文字で）	漂亮	piàoliang
	(2) 浅い	浅	qiǎn
	(3) 軽い	轻	qīng
	(4) のどが渇いている	渴	kě
	(5) 遠い	远	yuǎn

g	(1) 面白い	有意思	yǒu yìsi
	(2) 同じである	一样	yíyàng
	(3) 太っている	胖	pàng
	(4) 若い	年轻	niánqīng
	(5) 気分がいい	舒服	shūfu
h	(1)（背が）低い	矮	ǎi
	(2) うれしい	高兴	gāoxìng
	(3) まじめである	认真	rènzhēn
	(4) 親切である	热情	rèqíng
	(5) いつ	什么时候？	shénme shíhou?
i	(1) いくら？	多少钱？	duōshao qián?
	(2) どうですか？	怎么样？	zěnmeyàng?
	(3) なぜ？	为什么？	wèi shénme?
	(4) お入りください。	请进！	Qǐngjìn!
	(5) お掛けください。	请坐！	Qǐngzuò!
J	(1) お名前は？	您贵姓？	Nín guìxìng?
	(2) さようなら	再见！	zàijiàn!
	(3) 本当に	真	zhēn
	(4) 一緒に	一起	yìqǐ
	(5) すでに	已经	yǐjing

| 出題形式で学ぶ | ゼロから始めて中国語検定試験 準4級 に合格するための本 |

著者プロフィール

邱奎福(Qiu Kuifu)

早稲田大学大学院日本語・日本文化専攻博士課程修了。法政大学・東洋大学・東京理科大学講師。
主な著書に『起きてから寝るまで 中国語表現 超入門』『イラストで学ぶ中国語量詞ハンドブック』『中国語 手紙の文例集』(アルク)などがある。

発行日　2009年5月25日 初版発行　2010年10月1日 第2刷発行

著者：邱奎福

デザイン・DTP：エメ龍夢
DTP：株式会社ワードトップ
ナレーション：呉志剛、李洵、須藤まゆみ
録音：トライアンフ
音声編集：安西一明
イラスト：奥山和典(酒冨デザイン)

発行人：平本照麿
発行所：株式会社アルク
〒168-8611　東京都杉並区永福2-54-12
電話：03-3327-1101(カスタマーサービス部)
　　　03-3323-8125(中国語書籍編集部)
印刷・製本：萩原印刷株式会社
CD制作：株式会社学習研究社

地球人ネットワークを創る

アルクのシンボル
「地球人マーク」です。

© 邱奎福　ALC Press Inc.2009　Printed in Japan
PC：7008056

- 弊社制作の音声CDは、CDプレーヤーでの再生を保証する規格品です。
- パソコンでご使用になる場合、CD-ROMドライブとの相性により、ディスクを再生できない場合がございます。ご了承ください。
- パソコンでタイトル・トラック情報を表示させたい場合は、iTunesをご利用ください。iTunesでは、弊社がCDのタイトル・トラック情報を登録しているGracenote社のCDDB(データベース)からインターネットを介してトラック情報を取得することができます。
- CDとして正常に音声が再生できるディスクからパソコンやmp3プレーヤー等への取り込み時にトラブルが生じた際は、まず、そのアプリケーション(ソフト)、プレーヤーの製作元へご相談ください。

＊落丁本、乱丁本、CDに不具合が発生した場合は、弊社にてお取り替えいたしております。
　弊社カスタマーサービス部(電話：03-3327-1101　受付時間：平日9時〜17時)までご相談ください。
＊定価は、カバーに表示してあります。

中国語ジャーナル
～定期購読のご案内～

もっと中国語を学びたい。楽しみたい——
そんなあなたに『中国語ジャーナル』の定期購読をおすすめします。
売り切れや買い忘れの心配がなく、毎月確実にお手元に届いて送料もかかりません。さらにクラブアルク会員としての特典も利用できるので、中国語の実力をアップしたい方にぴったりです。

※定期購読を申し込むと、自動的にクラブアルク会員となります。
　入会金2,520円と初年度年会費3,780円は不要です。

毎月9日発売！

特典1　語学に役立つ『情報誌』を無料でお届け！

学習を続けるあなたの"学びとその先"を応援する情報誌を、毎月無料でお届けします。語学と異文化に関する情報満載。毎月見逃せない面白さです。

特典2　あなたもお友だちもうれしい「お友だち紹介システム」

語学力アップに関心のあるお友だちがいたら、ぜひご紹介を。お友だちは割引価格で通信講座を受講でき、紹介してくれたあなたには3,000円分のギフトカードをプレゼント！ウェブサイトから簡単に申し込めます。
⇒http://shop.alc.co.jp/cnt/other/friend/

特典3　アルクの出版物、通信講座が10%OFFに！

中国語の書籍や通信講座が10%割引になります。アルクあてに直接お申し込みください。
お届け先が国内の場合、送料も無料になり、さらにお得です。 
※一部商品を除きます。

新HSK対策も、中国語ジャーナルにおまかせ！

中国語能力認定試験「HSK」は、2010年度から試験形式が変更になりました。これに対応して、『中国語ジャーナル』では「新HSK攻略ガイド」というコーナーをスタート。仕事で中国語が必要な方、中国への留学を考えている方はお見逃しなく！

毎月20日申込締切（小社着）で、翌月発売の最新号よりお届けします。

中国語ジャーナル　定期購読

購読料	15,351円（税込）
購読期間	12カ月（12冊配本）
商品コード	J1

お支払い方法
クレジットカード（一括払い・分割払い）
コンビニ・郵便払込（一括払いのみ、手数料無料）
※クレジットカードでのお支払いをご希望の場合は、フリーダイヤルまたはオンラインショップをご利用ください。

お申し込みはカンタン！フリーダイヤル、オンラインショップで

電話（24時間受付／通話料無料）
0120-120-800
携帯電話、PHSからもご利用いただけます。
アルクのコミュニケーターが承ります。

アルク・オンラインショップ
http://shop.alc.co.jp/
『中国語ジャーナル』やクラブアルクに関する、さらに詳しい情報もご覧いただけます。

※2010年8月現在の情報です。

通じる、使える、中国語を学ぶ

アルク
www.alc.co.jp

わかる中国語 4カ月入門コース

旅行やビジネス、日常など幅広いトピックを素材に学べる「わかる中国語　4カ月入門コース」。本講座は初級者がつまずきやすい発音学習を重視。テキストに加えDVDやCDで発音の仕組みを多角的に学び、4カ月で通じる中国語の獲得を目指します。さあ、あなたも中国語が「わかる」を体感しませんか。

Point 1　カギとなる発音は、視覚と聴覚の両面から攻略！

口の形や呼吸のしかたなど、テキストだけではわかりにくい発音のコツを、DVDならすぐにマスター。確認したいポイントをさっとチェックできるから苦手な部分を重点的に練習できます。さらにCDには、テキスト掲載の中国語フレーズや日本語の解説を収録。CDだけでの学習も可能なので、通勤・通学時間も有効活用できます。

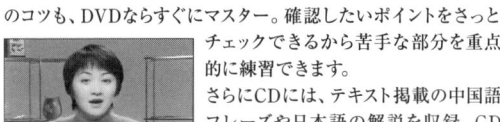

▲ネイティブ・スピーカーの口の形、舌の位置をまねてみよう。

Point 2　検定4級はこれで万全、CD付き問題集

努力のあかしは目に見えるかたちで残したいもの。本講座なら、CD付き問題集『めざせ検定！中国語実力トレーニング』で、中国語検定準4級から4級合格を目指せます。単語リスト付きで、語彙を効果的に復習したい方にもおすすめです。

―― これぞ中国語入門の決定版！――

わかる中国語 4カ月入門コース

■ **教材内容**：コースガイド／テキスト4冊／CD8枚／DVD1枚／診断テスト4回／『めざせ検定！中国語実力トレーニング』(CD付き)／修了証 (修了時)

■ **標準学習期間**：4カ月

■ **受講料**：39,900円（税込）

■ **お支払い方法**：クレジットカード（一括払い・分割払い）
　　　　　　　　　代金引換（一括払い、代引手数料 630円）
　　　　　　　　　コンビニ・郵便払込（一括払い、手数料無料）

お申し込みは今すぐ、下記の方法で。資料請求もお気軽にどうぞ！

● アルク・お申し込み専用フリーダイヤル
0120-120-800
携帯電話・PHSからもご利用いただけます。《24時間受付》

● アルク・オンラインショップ
http://shop.alc.co.jp
講座の詳細やテキストの体験版もご覧になれます。

※ ご提供いただく個人情報は、教材の発送、お支払い確認等の連絡および小社からの商品・サービス情報をお送りするために利用し、その目的以外の使用はいたしません。また、お客様の個人情報に変更のある場合は、お手数ですがカスタマーサービス部03-3327-1101（月～金9:00～17:00）までご連絡をお願い申し上げます。